한국의 보도사진

전국의 일간 신문, 통신사, 출판매체 사진기자들로 구성된
한국사진기자협회(현 회장 홍인기)는 사진기자들의 친목을 도모하고
권익을 옹호하며, 보도사진에 관하여 서로 연구하며 언론의 문화 발전을 위해
1964년 설립되었다. 전국의 회원들이 1년간 취재, 보도한 사진 중에서
뉴스, 스포츠, 출판기획 등 각 분야별로 보도사진을 편집하여
『보도사진연감』을 1968년부터 매년 발행해 오고 있다.
이 연감에는 국내의 주요 뉴스를 비롯한 정치, 경제, 사회, 문화, 생활,
스포츠 등 1년간 국내의 주요 사진들이 실리는데, 이는 1년간의
한국 역사를 되돌아 볼 수 있게 편집되어 있는
훌륭한 시각적 유산이다.

한국의 보도사진

– 제3공화국과 유신의 추억

한국사진기자협회 엮음

초판 1쇄 발행일 —— 2013년 12월 12일
발행인 —— 이규상
편집인 —— 안미숙
발행처 —— 눈빛출판사
　　　　　　서울시 마포구 상암동 1653 이안상암2단지 506호
　　　　　　전화 336-2167 팩스 324-8273
등록번호 —— 제1-839호
등록일 —— 1988년 11월 16일
편집 진행 —— 성윤미·이솔
출력·인쇄 —— 예림인쇄
제책 —— 일광문화사
값 29,000원

Copyright ⓒ 2013, 한국사진기자협회
Printed in Korea
ISBN 978-89-7409-238-2

NEWS PHOTOGRAPHY ANNUAL KOREA
1968-1980
Korea Press Photographers Association
KPPA

한국의 보도사진

- 제3공화국과 유신의 추억 -

1967-1979

한국사진기자협회 엮음

눈빛

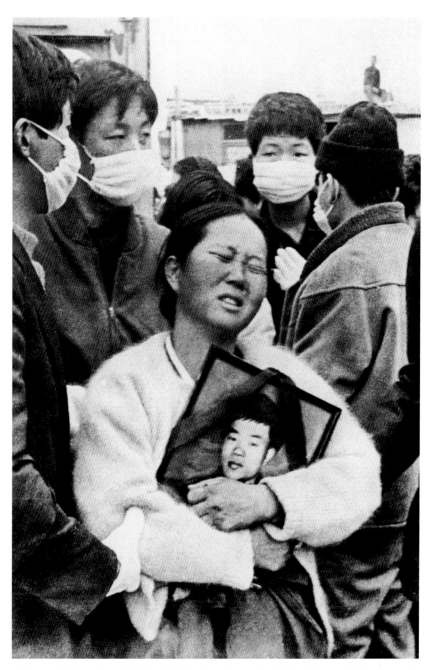

장례보단 아들의 뜻을…. 평화시장 내 피복제조상들의 노동조건 개선을 내걸고 분신자살한 전태일 씨 (23)의 어머니가 장례식에서 죽은 아들의 영정을 들고 비통해 하고 있다. 전 씨의 어머니 이소선 씨는 "아들의 뜻이 관철될 때까지 장례를 치르지 않겠다"라고 주장해 당국의 시정 약속을 받아냈다. 1970년 11월 18일. 이승봉 기자

역사의 증언

홍인기
한국사진기자협회 회장

신문이 오늘의 역사라면 보도사진은 생동하는 역사의 증언입니다. 오늘의 기록이 내일의 역사가 된다는 말은 아마도 사진을 두고 하는 것 같습니다. 여기 지난 시대의 선배 사진기자들이 혼신의 노력을 경주해 남겨 놓은 사진 한장 한장은 이제 역사가 되었습니다.

한국사진기자협회는 1968년부터 매년 한 해 동안 일어났던 중요한 사건을 엄선한 『보도사진연감』을 꾸준히 발간해 오고 있습니다. 연감에 실린 보도사진은 한 해 동안 발생한 사회 전반의 현상을 카메라를 통해 담아내고 있으며, 격랑의 과정을 여과없이 리얼하게 증언하고 있습니다.

이 책에 수록한 사진은 1968-1980년도 판까지 모두 13권의 연감에서 가려뽑은 것들로서 한국 보도사진의 정수 중의 정수라 할 수 있습니다. 특히 시기상으로는 1967년부터 1979년까지의 격동의 한국 현대사를 포괄하고 있어, 제3공화국과 유신기의 경제발전과 더불어 민주화에 대한 열망이 응집되던 시대의 모습을 보여주고 있습니다. 그 역사의 현장을 발로 뛴 선배 사진기자들의 자랑스런 기록을 한 권의 책으로 엮어 다시 볼 수 있게 되어 기쁘게 생각합니다.

이 책은 전임 회장 때 시작되어 저의 임기 중에 마무리되는 것으로서 김정근 전임회장의 노고와 업적이라 할 수 있습니다. 또한 눈빛출판사 창립 25주년 기념출판의 하나로 보도사진에 관심을 가져주신 이규상 사장의 헌신적인 노력이 있었습니다. 사진 재수록을 허락해 주신 선배 사진기자분들과 한국사진기자협회 회원사 및 회원 여러분께도 깊은 감사의 인사를 전합니다.

2013. 12

1975년 6월 30일, 그날도 회담이 열리고 있는 중이라 회담장 밖
서쪽 벤치 등받이에 걸터앉아 회담 때마다 만나 친해진 북한의
김한수 기자와 이야기를 하고 있었다. 북한의 한철(자칭 평양
방송 기자)가 옆에 있었고, 의자 끝에는 공동경비구역 부사령
관인 핸더슨 소령이 앉아 있었다. 그런데 대화 중 한철 기자가
뜬금없이 핸더슨 소령을 보고 "이 간나새끼들, 죽여야 해"라고
했다. 그러자 핸더슨 소령이 일어나 한 기자에게 뭐라 하자 한
기자는 그의 손을 내리쳤다. 그 순간 옆에서 이를 지켜보던 북
측 경비병들이 핸더슨 소령의 얼굴을 주먹 한 방에 때려눕히고
쓰러진 소령의 가슴을 구둣발로 마구 짓이겼다. 우리측 경비병
들이 달려들었지만 북한군 장교에게 붙잡혀 전혀 손을 쓸 수가
없었다. 회담장 주변은 순식간에 아수라장이 되었다. 현장에
있던 나는 당시의 상황을 처음부터 카메라에 담을 수 있었다.
– 이창성

특종을 향한 도전

이창성
전 중앙일보 사진부장, 편집부국장

한 장의 사진은 백 마디의 말이나 글보다 훨씬 설득력 있고 독자들에게 신뢰감을 준다. 역사를 뒤바꾸는 계기가 된 한 장의 사진들!

최루탄이 눈에 박힌 채 마산 앞바다 부둣가에 떠오른 처참한 김주열 군의 시신 사진이 신문에 실리면서 4·19혁명의 기폭제가 되었다. 또한 4·18 정치깡패들의 기습폭행으로 고려대 시위학생들이 대로 위에서 피투성이로 쓰러진 장면을 찍은 조선일보 정범태 기자의 사진도 시민·학생들의 분노에 기름을 끼얹는 결과를 가져왔다. 1987년 민주화 시위 중 연세대 앞에서 최루탄에 맞아 피를 흘리며 쓰러진 이한열 군을 동료가 부축하는 장면을 잡은 로이터통신의 정태원 기자가 찍은 사진은 국내 신문에 보도되자마자 민주화의 불을 지폈고 6월항쟁의 아이콘이 되었다. 그 밖에도 역사의 흐름을 바꿔 놓은 특종 사진은 셀 수 없이 많다.

1960년대에는 사진장비가 열악하던 시대였다. 1966년 내가 입사한 S사에는 초라한 아사히 펜탁스나 코니카 등 몇 대의 카메라밖에 없어서 취재 나갈 때마다 부장의 허락을 받아 사용해야 했다. 플래시 역시 전구를 사용하는 것으로 간혹 취재 현장에서 잘못 터져 폭발음과 함께 화상을 입기도 하였다. 필름 또한 흑백 영화 필름 1000피트짜리를 암실에서 잘라서 매거진에 담아 사용했으며, 이 역시 마음대로 쓸 수 없어 데스크로부터 한 통씩 배급을 받아 취재하였다. 취재 중 간혹 개인적으로 찍은 것은 데스크가 사정없이 가위로 잘라내 버리곤 했다.

컬러 취재는 일일이 노출계로 피사체를 잰 후 노출을 측정하여 사진을 찍었으므로 현상되어 눈으로 확인할 때까지 항상 가슴을 졸여야 했다. 시간이 촉박한 취재건은 직접 암실에서 컬러 현상을 하다가 실수로 망쳐 버려 시말서를 쓰거나 감봉 처분을 받았다.

　가장 어려운 것은 지방에서 사건이 났을 경우 사진 송고가 문제였다. 주로 열차편이나 버스를 이용했고, 제주와 부산은 항공편을 이용했다. 1968년 강원도 울진 삼척 무장공비 침투사건 취재 시에는 야간열차를 이용하거나 긴급 시에는 본사 차량으로 8시간이나 걸려 본사로 필름을 보냈다. 외신인 AP와 UPI도 수신기는 있으나 송신기가 없어 사진을 누가 먼저 국제전신전화국에 접수하느냐에 따라 승패가 갈리던 때였다.

　국내 통신사는 1972년 남북조절위 적십자회담이 이루어졌을 때 전송기를 갖추었다. 국내 신문사는 1984년 LA 올림픽 때 독일 지멘스 제품 컬러 전송기 '헬'을 도입했다. J사가 도입한 최신형 '헬'기가 LA 올림픽에서 하필 한국인 선수가 금메달을 따기 직전 고장이 나서, 청계천을 다 뒤져 간신히 아주 작은 점포의 주인을 찾아 밤새 수리하여, 유도 안병주 선수의 극적인 금메달 순간을 컬러로 받아 1면에 보도할 수 있었다.

　사진기자는 수시로 지옥과 천당을 오르내린다. 큰 사건 때마다 특종과 낙종이 반드시 나오기 때문이다. 1970년 제주 앞바다에서 밀감을 실은 남영호가 침몰하여 선원들이 전원 실종된 사고가 발생하자 각 신문사의 비행기가 바다를 샅샅이 뒤졌으나 찾지 못했다. 다만 중앙일보 김정찬 기자만이 선장이 나무상자를 붙잡고 표류하는 장면을 극적으로 찍어 대특종을 하자 타 신문사의 조종사와 기자는 모두 시말서를 제출해야 했다.

　1971년 12월 25일, 퇴계로에 있는 대연각호텔 화재 시 투숙객들이 매트리스를 안고 창밖으로 뛰어내리는 장면을 여러 기자들이 함께 찍었으나 서울신문의 김동준 기자만이 완벽한 사진을 찍었다. 그는 침착하게 적당한 렌즈와 셔터 스피드, 노출 등 세심한 판단으로 기회를 잡아 최고의 사진을 찍어 그해 세계보도사진전에서 금상을 받았다.

　1972년 광화문 서울시민회관 화재 시 한국일보 박태홍 기자는 화염에 휩싸인 건물 3층 창문에 한 소녀가 거꾸로 매달려 울부짖는 장면을 찍어 특종을 했다.

1974년 8월 15일, 장충동 국립극장 광복절 행사장에서 석간 기자들은 마감에 쫓겨 행사 시작과 함께 몇 컷을 찍고 곧바로 철수해 버렸지만 끝까지 현장에 남아 있던 조선일보 임희순 기자는 문세광이 쏜 총탄에 육영수 여사가 쓰러지는 장면을 찍어 세계적인 특종을 했다.

판문점은 항상 긴장감이 돌고 언제 북한군이 소란을 일으킬지 몰라 기자들은 자리를 뜨지 못하고 취재를 해야 했다. 1975년 6월 30일, 군사정전위원회가 열리고 있는 동안 밖에서 북한 경비병이 당시 공동경비구역 부사령관인 핸더슨 소령을 주먹으로 가격해 쓰러뜨린 후 구둣발로 짓이기는 순간을 운 좋게 포착하였다. 그 특종으로 나는 그해 한국기자상을 수상했다. 여러 명의 기자들이 옆에 같이 있었지만 극적인 순간은 단 한 컷, 그것이 특종이었다. 그 후 북한 기자들은 내가 상금도 많이 받은 줄 알고 "야! 또 한 건 해줄까?" 하며 자주 농담을 건네 오곤 했다.

한 장의 기록을 남기기 위해, 그리고 독자들을 위해 세계의 사진기자들은 지금 이 시간에도 분쟁지역에서 목숨 걸고 취재 중이다. 그런 연유로 취재 중에 가장 많이 희생당하는 기자가 사진기자이다.

요즘은 내가 사진기자로 활동하던 시대와 달리 좋은 장비와 잘 훈련되고 글도 잘 쓰는 실력 있는 많은 후배 사진기자들이 현장을 누비고 있다. 한 장의 사진을 위해 혼신의 노력을 경주하여 후회 없는 사진기자가 되었으면 하는 것이 선배 사진기자로서의 바람이다. 누구인가는 해야 하는 일이 사진기자에게 맡겨져 있다. 꼭 발자취를 남기자.

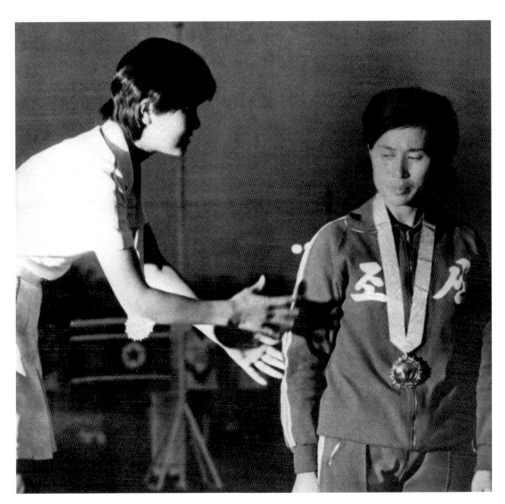

거절당한 승자의 호의. 방콕 아시아경기대회 양궁 개인종합부문서 우승, 한국에 다섯 번째로 금메달을 안겨 준 김진호 양이 3위를 한 북한 김향민에게 악수를 청했으나 냉담한 표정을 짓고 있다. 12월. 합동취재반

차례

일러두기

『보도사진연감』은 한국사진기자협회 전국의 회원들이
1년간 취재, 보도한 사진 중에서 엄선한 사진을 수록하고 있다.
연감 형식으로 전년도 뉴스 사진을 수록하므로 발행연도와
일치하지는 않는다. 즉 1968년도 판은 1967년의 뉴스를 수록하고 있다.
창간호 일부와 1969년도 판은 촬영기자 이름이 명기되어 있지 않아
부득이 밝힐 수가 없었다. 추후 확인되는 대로 촬영자를
명기할 예정이다. 사진설명은 연감에 수록되어 있는 내용을
그대로 적용하는 것을 큰 원칙으로 하였으나
일부 어색한 표현과 명백한 오류는 교정하였다.

『보도사진연감』 창간호 표지, 1968

1967

56함의 최후. 1월 19일 14시 34분 동해 공해상에서 해군 PCE 56함 당포호가 북진 북한 해안 포대의 집중포화를 받고 피격 20분 만에 침몰되었다. 해군 제공사진.

〉**위, "56함에 보내다오."** 후송되어 온 함장 김승배 중령의 절규. 해군 제공사진.
아래, 여기는 전장이 아니더라고 생과 사의 갈림길. 싸워서 죽어 조국의 한 줌 흙으로 돌아가는 '56함 순국장병 39위의 기막힌 변신'의 순간. 이의택 기자

해저 탐색. 수심 35미터의 해저. 침몰 후 나흘 만에 충돌 지점 북쪽서 선체 발견. 침몰된 한일호서 익사체를 끌어올리는 UDT 대원들. 박용윤 기자

〈 **여수.** 부산간 정기여객선 한일호가 진해로 귀항 중이던 해군 구축함 충남호와 충돌. 침몰된 것은 1월 14일 밤 9시 54분. 칠흑 같은 어둠이 깔린 남해 가덕도 부근서. 엿새째 낮. 승원 103명 가운데 96명의 목숨을 수장시킨 한일호가 처참한 몰골을 바다 위로 드러냈다. 서일성 기자

맘모스 전당대회. 한국 정치사상 유례없는 대
규모 공화당전당대회서 1만여 당원이 운집. 박
정희 대통령을 후보에 재거명함으로써 재집권
을 다짐하는 신호를 올렸다. 2월 2일. 최종수
기자

〉 **대야당의 긍지 안고.** 4자회담의 알선으로 '도
킹'한 신민당이 통합선언 전당대회를 열어 대통
령 후보에 윤보선. 당수엔 유진오 씨를 지명했
다. 정권교체 수임정당으로서의 기치를 내걸고.
2월 7일. 박용윤 기자

青馬 柳致環先生 追悼의 밤

내려진 '깃발'. 2월 13일 밤 9시 부산서 청마 유치환 씨가 교통사고로 사망했다. 향년 59세. 이의택 기자

〉 **세든 주인.** 1959년 4월 착공, 갖가지 말썽과 잡음이 뒤따른 7년 10개월 만에 서울 명동 한복판의 유네스코 회관이 2월 17일 준공했다. 유네스코는 정작 13층 건물에 7층에만 세들었다. 2월 17일. 김용택 기자

〈 **신부의 아버지.** 13년째 옥고를 치루고 있는 장기수가 특별귀휴를 얻어 눈물에 젖은 수의를 벗고 외딸이 시집가는 날 애끓는 사바세계에서 하루를 보냈다. 입감(入監) 때 17세이던 딸을 신랑에게 인도한 광주교도소 20년형 복역수 이규종 씨의 행복을 비는 '미안한 부정'.

장준하 씨 선고. 전 사상계 사장 장준하(신민당원) 씨가 '밀수 왕초' 발언의 명예훼손죄로 징역 6월의 실형을 선고받았다. 2월 28일. 박용윤 기자

자유에의 대탈출. 3월 22일 오후 5시 40분 판문
점 군사정전위 242차 본회의가 끝나자 취재 나
온 북한 중앙통신 부사장 이수근 씨가 회의장
앞에 서 있는 UN군측 대표 영 밴크로프트 회
장의 세단에 뛰어올라 북한 경비병들의 제지를
뚫고 전속 남하, 극적인 탈출에 성공했다. 미8
군 제공 사진.

자유 찾은 안도의 미소. '러시! 러시!' 적초소 차단기를 아슬히 돌파, 사선 넘은 필사의 25초. 이날 오후 7시 10분 서울 용산의 미 헬리포트에 도착한 이수근 씨는 긴장과 흥분에 창백한 낯빛이었다. 3월 22일. 김운영 기자

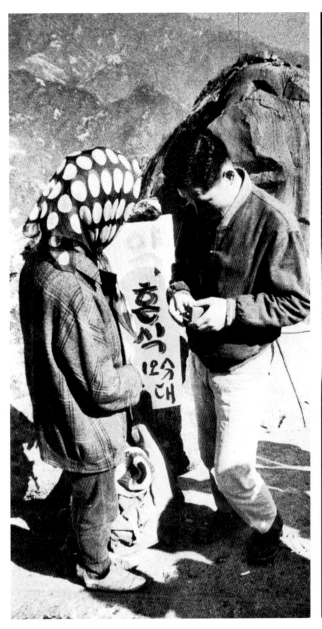

백운대의 가연. 48돌 3·1절을 맞아 백운대 정상
에 태극기를 꽂고 산상 약혼식 거행. 처음 만난
곳에서 연을 맺은 주인공은 한양공대 4년 정봉
구 군과 이주근 양. 3월 1일. 조두현 기자

시장에 불. 밤 9시 서울 중구 남대문시장 안 고
려백화점에서 불이 나 67개 점포가 전소됐다.
피해액 1천5백여만 원. 3월 14일. 이의택 기자

위, 한미 행정협정 후 첫 재판권. 2월 20일 밤 경기도 평택군 송탄읍서 민가에 불지르고 폭행한 미군 빌리 칵스 하사에 행정협정 발효 후 첫 재판권을 행사했다. 6월 20일 폭행죄로만 벌금 5만 원이 선고됐다.

아래, 천주교 외길 37년. "늙어 기력이 없다"라는 변을 남기고 27일 한국천주교의 대들보였던 노기남 대주교가 서울대교구장직서 사퇴했다. 전깃불도 안 들어오는 시흥 두메의 나자로병원에서 여생을 보내기로 하고. 후임서리엔 젊은 윤공희 주교. 3월 27일. 이의택 기자

위, 공화당 장충단 유세. 4월 29일 오후 2시. 윤명남 기자
아래, 신민당 남산 유세. 4월 22일 오후 2시. 이의택 기자

위, 전세 객차. 4월 24일 대구. 심종원 기자
아래, 과잉 청중동원. 4월 11일 장계. 심종원 기자
〉**입으로 듣는 한 표.** 김인규 기자

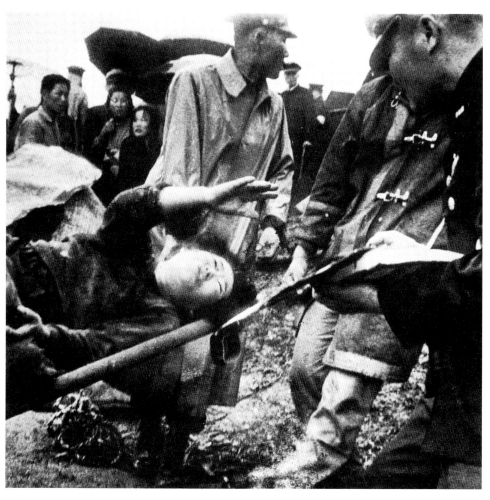

항적 5분 19초 만에 추락. 여의도 기지를 출발, 대구로 되돌아가던 공군 C-46 쌍발수송기(승객 11명)가 서울 성동구 신당동 상공서 갑자기 추락. 기체는 풍비박산, 판잣집 등 10여 채를 태우고 56명이 사망했다. 4월 8일. 장희순 기자

〈 **졸지에.** 오후 8시 50분쯤 서울 중구 남산 내리막길을 과속으로 달리던 군 트럭이 철공소와 목공소에 돌입. 1명 즉사, 8명 중경상. 4월 5일. 장홍근 기자

불량식품 몰아내자. 한 국민교생이 빨간색 주
스를 사 먹고 절명했다. 이에 충격 받은 고사리
손들은 4월 15일 오전 교정서 '부정식품 안 사
먹기 선서'를 했다. 4월 11일.

압승의 미소. 공화당의 박정희 후보는 신민당의 윤보선 후보를 1,162,125 표차로 압승, 다시 권좌에 앉았다. 5월 16일.

표 파시오. 울산공화단에서는 유세가 끝난 후 울산국민학교 교정에서 유권자 1백여 명에게 두 사람 앞에 2백 원씩 나눠 주었다. 6월 5일

〈 **'기'에 이기고 '키'에 졌다.** 땅딸막한. 그러나 잽싼 코리아의 여성들에 은메달이 안겨졌다. 체코서 열린 제5회 세계여자농구대회서 최초의 단체 상위 입상을 마크. 이들은 5월 7일 오전 꽃 다발에 묻혀 개선.

휴화산 폭발. 7월의 뜨거운 아스팔트 위에 휴화산이 터졌다. 곤봉과 최루탄이 마구 날고 터져도 부정을 고발 규탄하는 '학생의 현실참여'는 사어일 수 없다. 다만 휴화산처럼 불길을 속으로 품은 채 쉬고 있었던 것.

⟨ **실성한 한 표.** 쉬는 날이 아닌데도 놀기가 적당한 장소라면 인파가 들끓었다. 막걸리 한 사발에 장구치고 춤추다 지쳐 스러진 자리에 매도된 주권이 잔해처럼 쌓인다.

곤봉의 효용. 선거무효를 주장하는 데모를 벌
린 서울 법대생들에 잇따라 전국 곳곳서 규탄
의 물결은 번져 갔다. 불길을 끌 수 있는 곤봉과
최루탄의 한계효용을 깨닫자 당국은 임시 '휴
업'과 '조기방학'을 실시했다. 6월 12일.

〉 **태연한 부정선거.** 사퇴서를 낸 화성지구 공화
당 당선자 권오양(44) 씨가 구속되면서 착잡한
웃음을 지었다. 개표 부정-쓰레기 속에서 불태
운 투표지가, 피아노표가 되살아났다. 선량이
뒤바뀌어 신민당 김형일 씨가 당선. 권 피고는
11월 28일 징역 5년을 선고받았다. 6월 12일.

「분지」 유죄. 법원에서 문학논쟁까지 벌였던 소설 「분지」의 작가 남정현 씨의 반공법 위반 사건에 6월 28일 '유죄가 인정되나 개전의 정이 뚜렷하다'고 선고유예의 판결이 내려졌다.

〈 납작해진 성냥곽. 신축공사 중이던 청구대 5층 콘크리트 건물이 6월 15일 오후 3시 15분쯤 부실공사로 폭삭 내려앉아 작업하던 인부 7명이 깔려 사망했다.

"위대한 전진"에의 선서. 박정희 대통령은 축원
과 기대 속에 제6대 대통령에 취임. 그의 두 번
째 집권의 '로얄 박스'에 정좌했다. 7월 1일.

〉 **원내와 원외.** 공화당 일당만의 제7대 국회 개
원은 6·8부정에서 버릇된 정치 악순환의 일면
을 비치면서 숱한 파란을 예고하고 있었다. 경
축 분위기 없는 6월 10일 의사당 밖에서의 신민
당 항의 데모는 기동경찰의 장벽에 부딪쳐 효
과 반감.

〈 **하수도.** 해마다 내리를 '행사'를 알면서도 수
방책은 물에 맡긴다. 6월 19일 밤새 내린 100밀
리미터 호우에 맥 못 춘 수도. 무계획 공사가 자
초한 수해로 숱한 사상·실종이, 침수와 불통이
따르고 고작 가마니 몇 장 장만하는 것만 연례
대로.

못살겠더라. 8월 27일 오전 7시 45분 북한 농장에서 강제노동에 시달리다 못해 북한 대위 등 3명이 또 귀순. 8월 들어 네 번째의 일.

〈 **아기도 등장한 데모.** 7월 28일 오전 10시 한국노무단(KSC) 장병 부인 1백여 명이 퇴직 예편된 KSC 퇴직금 급여에 대한 미측의 불성실한 태도에 항의. 주한 미대사관 앞에서 데모를 벌였다 뙤약볕 길에 뉘인 아기는 그저 배고플 뿐…. 8월 9일 KSC는 16년 만에 해체.

봉급 안 올릴 테냐. 8월 26일 아침 전차 종업원 1천4백여 명은 7월부터 서울시가 약속한 봉급 인상을 않는다고 일제히 파업, '러시아워'에 큰 혼란을 빚었다.

〈 **대견한 '홍일점'.** 영국 '런던'서 열린 제16회 척수장애자 체육대회서 한국 대표 홍일점 조금임 선수(간호장교·소령)가 탁구 C체위급서 영예의 금메달을 땄다.

너무하다. 달각달각 밥그릇에서 소리가 난다. 시래기와 밀가루 죽으로 하루 한 끼를 때운 어린이는 배고파 올래야 울 기력도 없다. 식수조차 말라 버린 전남 장흥 한재민촌.

〉 **땅이 탄다.** 황금의 9월을 앗은 70년래의 잔인한 가뭄. 지하수도 말라붙은 삼남의 광야에 물줄기를 대오던 전남 여주군 우습교재저수지는 바닥이 거북이 등처럼 갈라져 먼지가 풀썩. 삼태기에 흙을 이고 자조사업장으로 향하는 아낙네들의 발걸음. 한재민 168만.

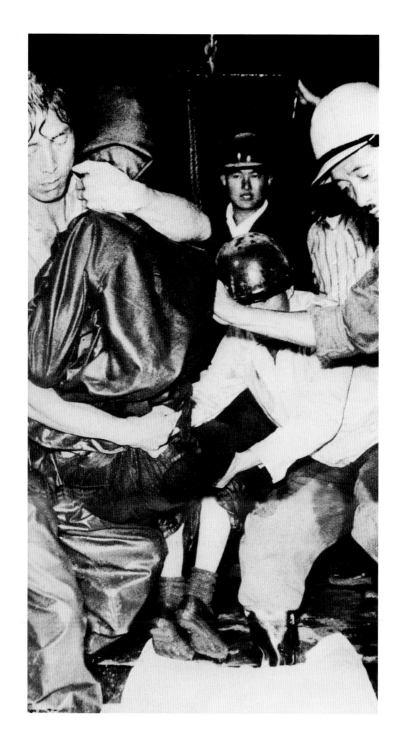

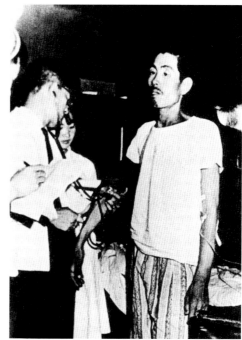

〈, **위-아래. 다시 태어났다.** 청양 구봉광산 땅속 125미터에 묻힌 갱내서 열엿새(368시간 35분). 광부 김창선 씨는 마침내 조여드는 사신을 물리치고 9월 6일 밤 지상에 올라섰다. 양씨란 본성도 찾고, 한 생명을 구출하기 위한 연인원만 4,750명.

따져야겠다. 한국부인회원 1백여 명은 여성
회관서 세제개혁안비판대회를 갖고 "경제
계획을 수행하려는 정부의 고충은 이해가
가나" 짜내는 세금 등살로 생계 파탄을 가
져왔다고 지적, 재조정을 요구하며 가두데
모에 나섰다. 9월 8일.

수고했습니다. 경인선에 첫 선을 보인 뒤 겨레와 더불어 질주 68년. 숱한 사연을 남긴 채 중기 기관차가 종운의 기적을 울렸다. 8월 31일.

〈철도 테러. 9월 13일 오전 7시 18분 미 군수물자를 싣고 경의선 문산역으로 향하던 1181 화물열차가 일산역을 지나 운정역 못 미쳐 500미터 지점에 이르렀을 때 북한 간첩이 매몰한 것으로 보이는 TNT가 폭발. 17량 중 8량이 탈선하고 그중 2량이 대파됐다. 9월 5일 밤 경원선 초성역 부근의 폭파 이후 두 번째의 일이다.

승패. 프로 복싱 J. 미들급 선수권자 김기수 씨
는 서울운동장 특설 링에서 동급 세계 2위 미
프레디 리틀을 15회 판정(2-1)으로 이겨 66년
이 벤베누티에게 뺏은 후 두 번째로 선수권 방
어에 성공. 김 선수는 11회엔 리틀에 카운터 펀
치를 맞아 다운, 카운트 8까지 세는 등 고전을
했다. 10월 3일.

〉 **화재에 부대끼는 고층.** 서울 중구 6층짜리 영
진빌딩에 불이 나 4명이 숨지고, 29명 부상, 피
해액 2천만 원. 좁은 계단에 비상구 하나도 없
는 허술함이 인명피해를 크게 냈으며, 불길을
피해 옥상에 몰린 사람들을 구하려 미군 헬리
콥터까지 동원됐다. 10월 24일.

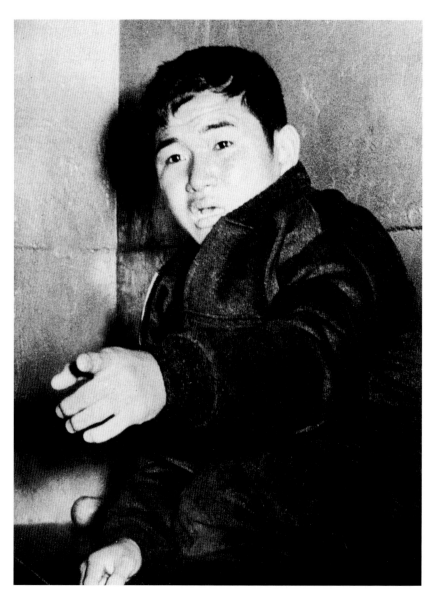

너 재미 없어! 10월 31일, 월말로 한창 바쁜 한
일은행 을지로 지점서 현금 230만 원을 날치기
당했다. 불과 30초 새. 11월 28일 목격자들의
증언으로 잡힌 범인 김보선은 "네 카메라도 날
치기 당할 수 있다"라면서 기자를 향해 눈을 부
릅떴다.

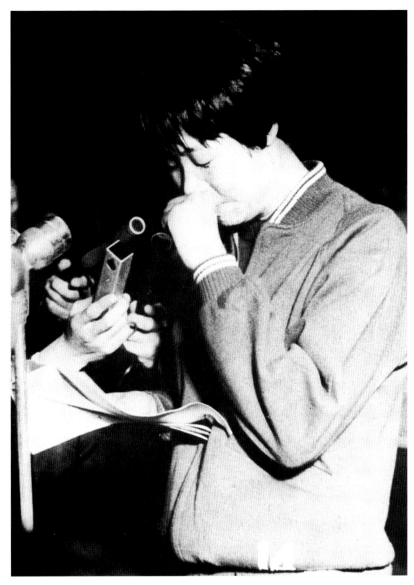

아듀 14번. 한국 여자농구를 세계패권으로 이끌어 올린 박신자 선수가 그 청춘을 바친 농구 코트를 공식으로 고별, 13년 7개월에 걸친 그의 선수 생활을 마감했다. 11월 2일.

동베를린공작단 사건. 7월 8일 중앙정보부는 동베를린을 거점으로 한 북한 대남적화공작단 사건을 발표, 관련자 315명 중 66명을 송치했다. 선고공판에서 조노수·정규명에 사형, 정하룡·윤이상·강빈구·어준 등 4명엔 무기, 그밖의 24명에 모두 유죄가 선고됐다. 이 사건엔 서울지검 공안부 검사 대부분과 29명의 변호사가 동원된 재판사상 최고를 기록했다. 12월 14일.

'민비연' 무죄. 서울형사지법 합의 3부는 서울
대 문리대의 민족주의비교연구회 지도교수인
황성모(철학박사)와 동회 전회장 이종률, 김중
태, 박지동 등 7명의 피고에 대한 국가보안법,
반공법 위반사건의 선고공판에서 황성모 피고
에 징역 3년에 자격정지 3년, 김중태 피고엔 징
역 3년에 자격정지 2년, 그리고 나머지 피고 전
원에 무죄를 선고했다. 12월 16일.

〉**북새통.** 밤 11시 15분부터 53분 동안 서울 대
부분 지역이 정전, 노량진쪽 한강 인도교 앞서
전차 3대가 멎자, 강변고속도로와 동작동 사이
를 완전 차단해 버려 강을 건너려던 30여 대의
차량이 한꺼번에 밀리는 바람에 큰 혼란을 빚
었다. 12월 19일.

막강 불도저. 복개·철
거·확장·육교·지하도·
고가·입체교 즉흥적
인 공사를 마구 벌인다.
서울의 명물이라고 교
통 완화한다며 20억을
들여 세운 삼각지 입체
도로도 예외는 아니다.
'논스톱' 안 되는 공중
시멘트길.

농성. 여당의 예결위에서의 기습적인 심의종결과 6·8 부정조사 지연 등으로 벗어진 7대 국회의 긴장은 신민당의 40여 의원들이 무기한 농성투쟁에 들어감으로써 최고조에 달했다. 야당 의원들은 의석과 단상에 바리게이트를 치고 새우잠을 청하는 등 10일간의 최장 농성을 벌였다. 12월 19일.

'69
보도사진연감
NEWS PHOTOGRAPHY ANNUAL

한국기자협회

1968

남강 상류에 버스 곤두박질. 1월 8일, 함양장으로 달리던 정원 초과 버스가 고개를 넘다 남강 상류에 굴러 떨어져 순식간에 43명이 죽고 61명이 중경상을 입는 참사를 빚었다.

김신조 생포. 야음을 타고 서울에 침입한 북한
무장공비 31명과 총격전을 벌여 김신조를 생포
했다. 1월 21일.

만행의 최후. 6군단 임시 CP에 서 사살된 공비들의 시체를 김 신조가 확인하고 있다. 1월 26 일.

밴스 특사. 북한 도발에 대처할 한국공동방위
미 존슨 대통령 특사 밴스 씨가 내한, 연내 국방
장관회의 개최 등의 합의를 봤다. 2월 11일.

한국일보 화재. 운전기 용접 중에 일어난 화재
로 한국일보 구관과 시설을 몽땅 잿더미로 만
들었다. 2월 27일.

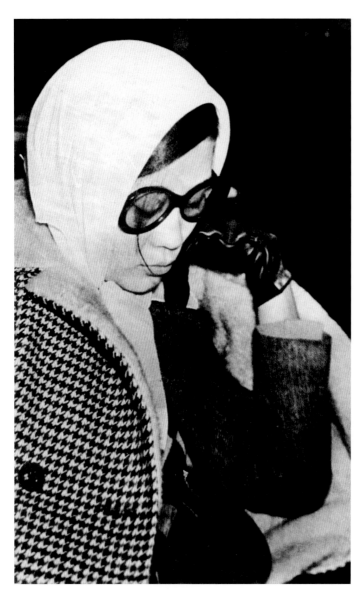

국제 금괴 밀수. 대규모 국제 금괴밀수단을 적발, 외국인 등 9명을 검거했다. 그중엔 홍콩에 거주하는 중국계 여인도 있었다. 3월 7일.

필사의 탈출. 부산시외 전신전화국에 큰 불이 나 40여 명의 교환원들이 20미터 아래 구소대가 설치한 구조망을 향해 뛰어내리고 있다. 3월 18일.

한국판 미라. 406년 된 미라, 광주서 발굴…. 조선 2대 정종
의 부마 박빈의 5대손 며느리 안동 김씨, 비단 수의와 살결이
4백 년이 거짓인 양 생생했다. 3월 24일.

향토예비군 창설. 위, 향토예비
군 창설식에서 박 대통령이 사
열하고 있다. 아래, 여성들도
어깨에 총을 메고 향토방위 대
열에 앞장섰다. 4월 1일, 대전.

충무공 동상 제막식, 광화문 네거리에 성웅 이
순신 장군의 동상이 우뚝 세워졌다. 4월 27일.

광화문에서의 악수. 박정희 대통령과 유진오 신민당 당수가 세종로에서 거행된 충무공 동상 제막식에서 우연히 만나 악수를 나누고 있다. 4월 27일.

KIT서 수류탄 폭발. 국제전신전화국에 괴한이 수류탄을 던져 접수실이 부서지고 7명이 부상. 전국에 비상경계령이 내려지기까지 했다. 5월 1일.
〉 **위, 싸워라… 이겨라.** 서울에서 열린 아시아 청소년 축구대회 결승 한국 대 버마 경기에서 한국은 선취골을 얻었으나 아깝게 추첨패. 5월 2일.
아래, 북한 경비병의 집단폭행. 판문점 군사정전회의장 밖에서 북한 경비병 30여 명이 미 스커트 일병의 목덜미를 잡고 쓰러뜨려 발로 차는 등 집단폭행을 가했다. 5월 2일.

슬픈 연인. 안동극장 입구에 수류탄을 던져 40명의 사상자를
내게 한 신 하사의 연인 박양이 28일의 군법회의의 증인으로
출두, 신 하사의 등에 매달려 극형만 아니면 몇 년을 기다려
서라고 결혼하겠노라고 울며 애원하고 있다. 5월 23일.

위험한 곡예. 신촌로터리에서 고장난 버스가 녹지대를 넘어 달리던 지프를 덮쳐 깔고 앉았다. 5월 23일.

되살아난 민권. 서천·보령군 당선무효 소송에
서 승소한 남장 여성 정치인 김옥선(신민당) 씨.
신고의 13표차로 의원이 되어 모친과 함께 축
하객 사이에 묻혀 있다. 6월 3일.

〈 **풍운 7년 김종필 씨 은퇴.** 혹시 죽을 때까지
얘기하지 않게 될지도 모른다는 마지막 말을
남기고 홀연히 정치와 인연을 끊은 김종필 씨.
그가 해운대에서 바둑을 두면 두 손을 마주 쥔
그의 검은 안경에 정치 7년간의 기복을 말해 주
듯 흑백 바둑알이 서려 있다. 6월 1일.

철교에서 열차 추락. 영동선 육송교 위에서 통근열차가 탈선. 철교가 두 동강이 나고 화차 4량이 10미터 개천에서 떨어져 산산이 부서졌다. 6월 28일.

〉**해프닝 쇼(퍼포먼스) 상륙.** 우리나라에 해프닝 쇼 상륙. 그첫 무대가 세시봉에서 열렸다. 모델은 정강자 양. 6월 9일.

애원도 가지가지. 동베를린공작단 사건 판결을 비난하는 애국시민회 이름의 괴벽보가 시내 곳곳에 나붙어 법조계에 큰 충격을 주었다. 8월 3일.

대지가 탄다. 2년에 겹친 한발로 거북등처럼 갈라진 논. 7월 13일.

단비. 오랜 가뭄 끝에 단비가 내리자 횃불을 밝히고 밤을 새우며 모내기에 한창이다.

가두판매. 신민당 기관지 『민주전선』을 직접 가두판매에 나
선 유진오 신민당 당수.

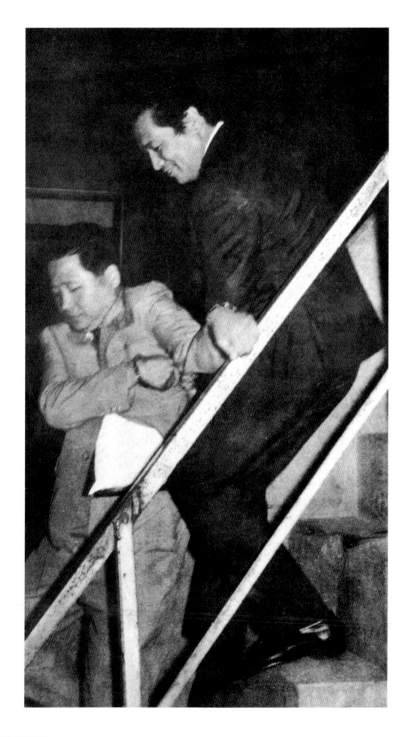

위장간첩의 위장결혼. 전 북한 중앙통신 부사장 이수근이 탈출극을 꾸며 위장 자수, 결혼까지 했다. 9월 14일.

〈 **폭력배우 구속.** 영화감독 정진우 씨를 구타한 혐의로 구속, 수갑을 찬 채 끌려가는 인기배우 신영균 씨. 9월 14일.

길 위를 달리는 길. 착공 7개
월 만에 개통된 아현고가도
로. 9월 19일.

〉 **홍등가에 파란불.** 서울의
악의 소굴 종삼을 철거, 밤
의 여인들이 봇짐을 쌌다. 10
월 5일.

다시 한 번 비상사태. 울진에 또 무장공비가 나
타나 군인과 민간인을 살해했다. 예비군도 공
비소탕 선두에 나서 지나는 차량을 철저히 검
색하고 있다. 11월 6일.

공비 생포. 수색작전에서 신현도 대위가 공비
를 압송하고 있다. 11월.

만점 멸공작전. 공비 소탕에 가냘픈 부녀자들도 일심. 남정네가 초계하는 동안 아내는 밥을 지어 초소까지 날아오는 등 뒷바라지에 여념이 없다.

주민등록증 제1호. 19세 이상 전 국민에 주민
등록증 발급. 박 대통령이 맨 처음 110101-
100001번. 11월.

"사람 살려라." 남대문시장 화재 진화 작업을
하던 소방사가 무너진 잔해에 깔려 "사람 살려
라" 하고 구조를 외치고 있다.

전차여 안녕. 시민의 발 노릇 70년 만에 전차
가 퇴역했다. 한 대는 어린이 놀이터에 남겨두
고 나머지는 모두 고철로⋯. 11월 29일.

국민교육헌장 선포식. 전문 393자. 12월 5일.

〉**수중 결혼식.** 화환 대신 산소통을 지고 축하
복 대신 잠수복을 입은 채 워커힐 실내 수영장
에서 우리나라 최초의 수중 결혼식이 있었다.
신랑은 현용남 군, 신부는 이애자 양. 12월.

'돌아오지 않는 다리' 건너 돌아오다. 푸에블로
호 선원 82명이 납북된 지 336일 만에 돌아오지
않는 다리를 건너오고 있다. 다리 저쪽 초소에
서 북한측이 선원들을 인계하고 이쪽 초소에서
미군측이 인수하고 있다. 12월 23일.

> **다시 자유의 땅에.** 푸에블로 호 승무원들이
부평으로 후송되어 안도의 미소를 미금은 채
건강진단을 받기 위해 병원으로 가고 있다. 12
월 23일.

'69 보도사진연감
NEWS PHOTOGRAPHY ANNUAL
KOREA

한국사진기자단

1969

해방전략당사건 선고. 서울지법합의5부는 이 공판에서 주범 권재혁(오른쪽), 이일재에게 사형을 선고했다. 재판부는 판결문에서 "주범 권이 67년 두 차례에 걸쳐 일본에 건너가 조총련 간부와 접선, 공작금을 받도 70년대 소위 결정적인 시기에 폭동을 일으켜 공산주의 혁명을 하려 했다"고 밝혔다. 1월 18일. 송근식 기자

사형수의 점심. 통일혁명당사건 선거공판에 나
왔던 주범 김종태가 휴정 시간 중에 쓰디쓴 표
정으로 차입 받은 도시락을 먹고 있다. 이 공판
에서 주범 김종태를 비롯, 네 명이 국가보위법,
반공법, 간첩 등의 죄목으로 사형을 선고받았
다. 1월 25일. 김량삼 기자

비극을 철길에 묻고. 동원된 철도청 직원들이 열차 내에 눌려 있는 시체들을 흰 광목에 싸서 운반하고 있다. 1월 31일. 김선호 기자

〈 **2등에 짓눌린 3등 인생.** 천안역 열차사고 희생자의 대부분은 102 완행열차 맨 뒤 3등칸에 타고 있던 승객들이었다. 창전호의 2등칸은 102 열차의 3등칸을 위에서 누르면서 약 3분의 2나 밀고 나가 그 밑바닥이 보인다. 1월 31일. 김해운 기자

"우로 두 번 좌로 한 번". 중학입
시제도 사상 처음으로 추첨기에
의한 무시험 입학 추첨이 실시됐
다. 영하 15도의 강추위 속에서 어
린이들은 열심히 우로 두 번 좌로
한 번을 돌렸으며, 은행알에 학교
명이 아닌 번호가 쓰여 있어 추첨
하고 나서도 몹시 초조한 모습이
었다. 2월 5일. 김영일 기자

출감하는 '나비의 꿈'. 동백림사건에 관련되어 10년 형을 선고받아 복역 중이던 윤이상 씨가 검찰의 형집행정지처분을 받고 가족의 부축을 받으며 서울구치소를 나서고 있다. 윤씨는 수감 중에 가극 「나비의 꿈」을 작곡했다. 2월 24일. 김영중 기자

〉**이수근 송환.** 1967년 3월 22일 판문점을 통해 월남했던 이수근이 위장간첩이었다는 사실이 밝혀지자 온 국민은 경악과 분노에 치를 떨었다. 이수근은 그간의 따뜻한 대우와 자유를 배반하고 콧수염과 가발로 변장, 국외탈출을 했다가 사이공에서 붙잡혀 오며 "내가 이수근입니다"라고 뻔뻔스럽게 떠들어 댔다. 2월 1일. 심종완 기자

신·구 주월사령관. 한국군 야전사령부가 자리 잡고 있는 나트랑에서 주월한국군 이·취임식을 가졌다. 3년 8개월간의 임기를 마치고 떠나는 채명신 전임 사령관은 주월한국군 사령부기를 신임 이세호 사령관에게 인계했다. 채 장군은 한국군 장병의 희생정신을 찬양하고 한국군을 위해 협조를 아끼지 않은 미군과 월남정부에 대해 감사를 표했고, 이 사령관은 "한국군은 월북 평화협상기간 중 인내심을 발휘하여 전투태세를 갖추라"고 말했다. 5월 1일. 김동준 기자

〈 **우리는 어울리는 단짝.** 한국거인클럽 야유회에서 한국 최장신의 이명운(2m 25cm) 씨와 그 애인 김미애 양이 노래를 부르고 있다. 어디로 보나 너무나 차이가 져 보이는 이 애인들은 그래도 서로 다정한 단짝이라고. 4월 26일. 박세훈 기자

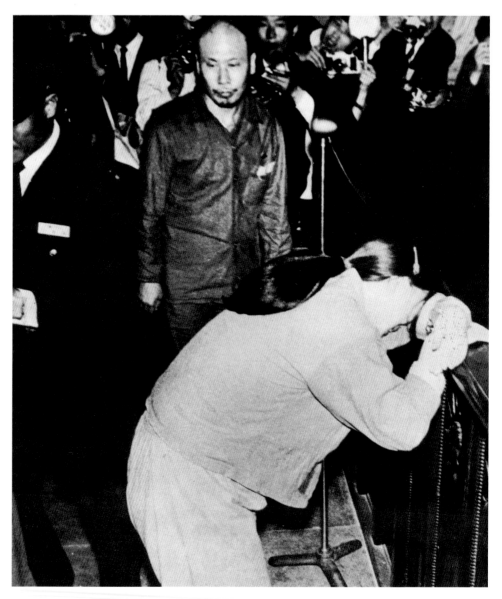

체념과 회오, 이수근 일당이 일심에서 선고를 받던 날. "이수
근, 배경옥엔 각각 사형"이라는 서릿발 같은 선고가 내리자
이씨는 잠깐 중심을 잃고 몸이 흔들렸으나 곧 체념한 표정을
보였다. 징역 3년에 자격정지 3년, 집유 5년을 선고 받은 배
인향 피고는 선고가 내리는 순간 재판장석 난간을 부둥켜 안
은 채 몸부림치며 통곡했다. 5월 10일. 윤석봉 기자

여기에도 치맛바람이…. 미감아들과 공학을 반대, 25일째 등교를 거부해 온 서울 대왕국민학교의 일부 학부형들은 12일 관계당국의 끈질긴 설득에도 불구하고 문교부와 서울시교육위에 항의하기 위해 시내로 들어오다가 경찰에 제지를 받아 동부서에 연행됐다. 동부서에 연행된 뒤에도 이들 일부 학부형들은 경찰서 문을 넘어 들어가며 공학을 거부한다고 아우성을 쳤다. 5월 12일. 김용택 기자

투신의 순간. 투신자 살을 기도한 30세가량의 청년이 제1 한강교 교탑(높이 20m) 위에 올라가 교탑 사이를 30분가량이나 넘나드는 바람에 경찰이 출동 설득했어도 실패. 급기야 소방차를 동원, 이 청년을 끌어내리려 했으나 한강으로 다이빙하는 바람에 아래서 대기하던 구조선이 구출했다. 6월 16일. 전창우 기자

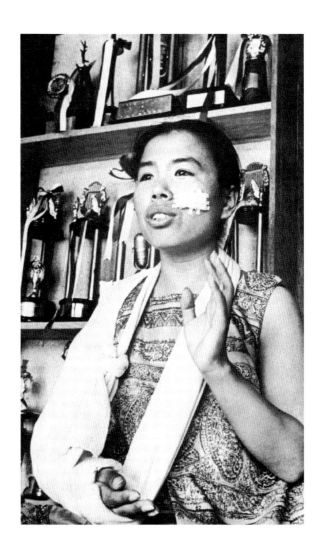

생명의 밧줄. 흑산도에 침입하다 군·경·예비군의 공격과 공군기의 출격으로 격침된 대형 간첩선에서 고무보트를 타고 잠입한 공비 잔당을 소탕하기 위해 출동했던 전투경찰관 김봉기 씨가 실탄이 떨어져 동굴 속에 숨어 있다가 4시간 만에 공수특전단에 의해 극적으로 구출되었다. 군·경·예비군은 이 전투에서 잠입한 공비 6명을 모두 사살했다. 6월 16일. 윤석봉 기자

교통사고에 멍든 '동백 아가씨'. 쇼에 출연하기 위해 차를 타고 금촌으로 가던 가수 이미자 양이 북익스카이웨이에서 중앙선을 넘어 과속으로 달리던 택시에 받혀 10주 중상을 입었다. 이 양이 50여 개의 트로피 앞에 앉아 "69년은 이미자 최악의 해"라고 말하고 있다. 이 양은 69년에 1천 곡 취입을 돌파해 화제를 모으기도 했다. 6월 8일. 김수정 기자

개헌 반대 시위. 6월 말부터 데모를 벌여 오던 고대생 6백여 명은 데모 4일째인 7월 1일 '3선개헌 절대 반대'라는 구호를 외치며 교문을 나서다가 대기 중이던 경찰기동대의 적극적인 제지로 다시 학교 안으로 쫓겨 들어갔다. 경찰은 고대생 1백 21명을 도로교통법 위반 혐의로 연행했으나 그중 1명만을 즉결에 넘기고 나머지는 훈방했다. 심종완 기자

〉 **포로는 아닙니다.** 개헌 파동의 소용돌이가 학원으로 번져 동국대 학생들이 거리로 뛰쳐나왔다. 5백여 명이 교문 밖으로 나오다 기동경찰대의 제지와 헬리콥터의 권유로 일단 해산했으나 일부는 장충단공원 쪽으로 빠져 투석전을 벌이다 완전 포위되어 포로 아닌 포로가 되었다. 7월 2일. 이창성 기자

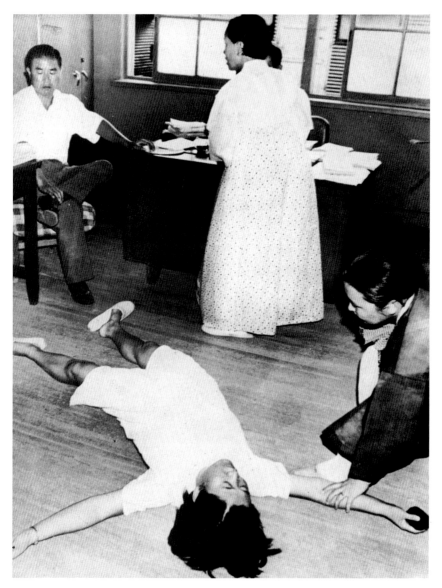

과속 스카우트의 부작용. 입학을 조건으로 배구선수로 스카우트됐던 4명의 학생들이 입학허가가 되지 않아 학업의 길이 막히자 이들의 학부형들이 한성여고 교장 부속실에 몰려들어 "춘계 연맹전까지 출전시켜 놓고 아직까지 입학을 안 시킨다"고 항의소동을 벌였다. 학교측은 배구부 감독을 해직시킨 것으로 책임이 없다고 발뺌을 했고 이에 분격한 자모는 졸도하기까지…. 9월 3일.

〉 **이것이 전위음악.** 국립극장에서 열린 국제현대음악제에서 공연된 해프닝. 전위음악으로 미국에서 명성을 얻고 있는 백남준 씨가 작곡한 콤포지션이라는 곡을 위해 정찬승, 차명희 듀엣이 피아노 위에서 애정행위를 나타내면서 발로 피아노를 연주했다. 9월 6일.

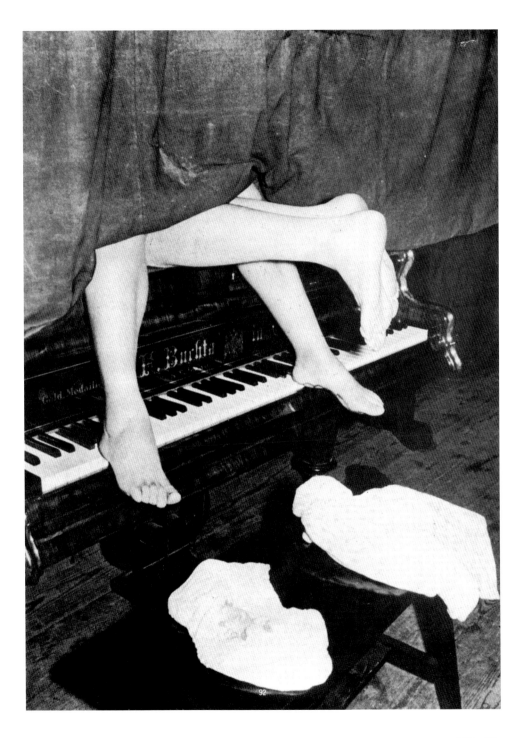

때늦은 방역작전. 비브리오성 장염, 엘토르형 콜레라, 신종 콜레라 등 학계와 당국에서 이견이 분분했던 군산 지역 괴질은 환자가 발견된 지 14일 만에야 다시 콜레라로 밝혀졌다. 콜레라로 확인이 되자 도당국은 부랴부랴 부두에 방역반을 내보내 승객들에게 예방접종을 실시했다. 이 콜레라 파동으로 남해안 어민들은 활어 수출이 중지돼 생계에 큰 위협을 받았다. 하광용 기자

〈 **콜레라 상륙.** 군산에 상륙, 만연되고 있는 괴질이 "비브리오균에 의한 장염이다" "콜레라다" 하고 엎치락뒤치락하는 동안 이 콜레라는 무방비의 옥구, 군산 등을 완전 점령, 환자는 4백 명에 육박했다. 콜레라로 몸을 못 가누는 환자를 아버지가 부축해서 군산도립병원에 마련된 격리수용 병동으로 들어가고 있다. 9월 12일. 한융 기자

체면이 다 뭐냐. 새벽 1시 50분의 마지막 호남선 귀성열차.
이 열차를 놓치면 1년간 기다려 오던 귀향에의 꿈이 산산이
깨진다. 미니스커트의 아가씨는 염치고 체면이고 없이 열차
를 놓치지 않기 위해 창문으로 기어오른다. 차내에 있던 한
남자가 기사도정신을 발휘, 휴지로 구두 바닥을 받쳐 승차를
도와주고 있다. 9월 26일. 김성배 기자

기도. 부산진 보건소 간호원 김영자 양이 국민의료법 및 과실치사 혐의로 공판을 받는 자리에서 "오 주여! 제겐 잘못이 없습니다"라는 기도를 올리자 방청객들도 손수건을 꺼내 눈물을 닦았다. 김 양은 의사의 처방대로 주사를 놓았으나 이틀 후에 환자가 사망하자 구속됐다 보석으로 풀려났다. 9월 13일. 김경호 기자

코로나의 지하도 행차. 서울 중구 을지로 3·1빌딩 차고에 있
던 서울은행 중앙지점 소속 코로나 차를 세차공이 끌어내다
시청 앞 지하상가로 미끄러져 내려갔다. 이날 운전사가 밥을
먹으러 간 사이 사고가 난 이 차는 아무런 피해도 입지 않았
다. 9월 27일. 이창성 기자

찬반은 마신 뒤에. 개헌안의 찬·반 유세가 벌어지는 지방 곳
곳엔 환갑집 못지않게 잔치가 벌어진다. 신민당 김해 유세에
참석했던 촌노들이 열띤 웅변엔 아랑곳없이 이동주점에 앉
아 소주잔을 기울이고 있다. 10월 3일. 김성수 기자

비틀거리는 한 표. 막걸리는 이제 한국 선거에 없어서는 안
될 필수불가결한 것이 되고 말았다. 10월 14일 천안. 장홍근
기자

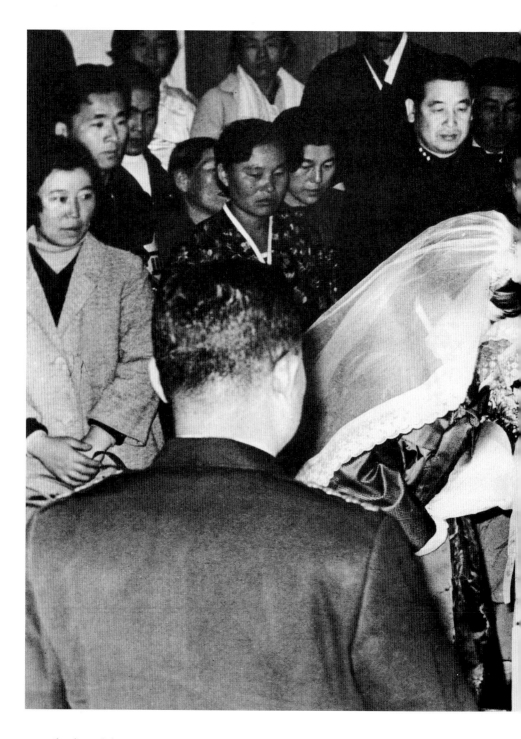

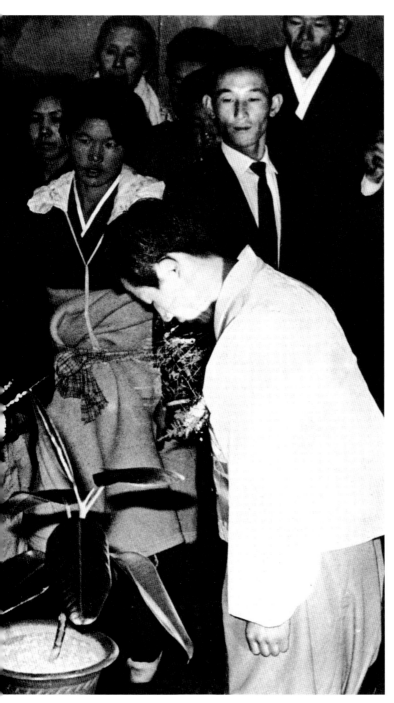

옥중의 상견례. 결혼식 날짜까지 잡아 놓은 운전사가 교통사고를 내어 구속되었으나 경찰의 주선으로 서장실에서 결혼식을 올렸다. 구속 중이던 신랑 장채헌(25) 군은 수갑만 푼 채 한복 차림으로, 신부 박인자(25) 양은 면사포까지 쓰고 가까운 친척과 2백여 서원들이 모인 가운데 고병성 동래서장의 주례로 결혼식을 마쳤다. 이들은 결혼식을 마친 후 1시간 동안 쉬다가 신랑은 유치장으로, 신부는 집으로 각자 돌아갔다. 11월 28일.

심야의 피난. 신설동 무허가 판자촌에 불이 일어나 주민들을 영하의 거리로 내몰았다. 불은 무허가 하숙 함경도집에서 연탄난로 과열로 일어나, 자고 있던 남자 6명, 여자 2명 등 모두 8명이 사망했으며, 3명이 중화상을 입었다. 12월 17일.

섹스 문학에 유죄판결. 음란문서 제조판매 혐의로 기소된 박승훈 씨가 "어떤 문학작품이 전체적인 흐름으로 보아 예술성이 인정된다 하더라도 그 일부분이 음란문서로 인정될 경우 형법으로 처벌한다 해도 헌법에 규정된 예술의 자유를 침해하는 것은 아니다"라는 재판부의 판시로 죄금 5만원 형을 받았다. 그런데 박씨는 66년 「영년구멍과 뱀의 대화」, 67년 「서울의 밤」 등을 저작 출판한 혐의로 기소됐었다. 12월 15일. 이창성 기자

〉또 하나의 한강의 기적. 경부고속도로와 서울의 도심을 잇는 또 하나의 관문인 제3한강교가 개통되어 교통난 해소와 70년대의 도로 수송에 이바지하게 되었다. 우리나라에선 제일 넓은 교폭 27미터, 6차선인 이 다리의 길이 9백15미터, 공사비 11억, 연인원 20만 명이 투입된 매머드 공사였다. 한편 이 다리의 개통으로 수백 년 내려오던 한남나루터의 사공들은 벌이를 잃게 됐다. 12월 26일. 최금영 기자

인성아 돌아오라. 세모의 인파가 거리를 메운 명동입구에
는 집을 나간 손자를 찾는 두 노인이 영하의 거리에 나서
서 오가는 이들의 관심을 끌었다. 집을 나간 채 소식이 없
는 손자 장인성 군을 찾는 애끓는 이들의 하소연이 추위를
녹였다. 12월 15일. 장희순 기자

보도사진연감
NEWS
PHOTOGRAPHY
ANNUAL
KOREA
1971

한국사진기자단

1970

동대문시장 화재. 종로5가 동대문시장 안에 있
는 동대문백화점에서 불이나 1명이 사망하고
43개 점포를 전소시킨 뒤 2시간 30분 만에 진화
됐다. 1월 9일. 이봉섭 기자

강화도 개통. 강화도와 육지를 잇는 강화교가 65년 7월 착공된 지 4년 반 만에 완공되었다. 육지와 섬을 잇는 다리로는 충무교와 완도교에 이어 세 번째인데 폭 10미터(2차선), 길이 604미터로 나룻배로 30분이 걸려서 건너던 물길을 단 3분에 건널 수 있게 됐다. 1월 26일. 최영호 기자

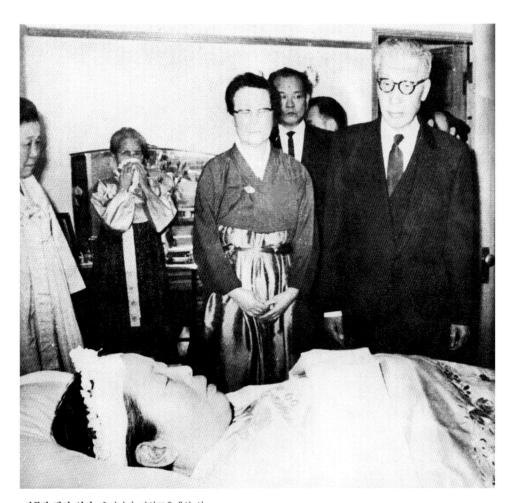

김활란 박사 영면. 우리나라 여성교육계의 선
구자 김활란 박사가 영면했다. 김 박사는 1899
년 제물포(인천)에서 태어나 10살 때 이화학당
에 입학, 1918년 대학부를 졸업하고 모교에서
교사·학장·교장·총장을 거쳐 명예총장·재단이
사장으로 봉직하기까지 반세기를 이화여대를
키우는 데 바쳤다. 김 박사는 또 7번에 걸쳐 유
엔총회에 한국 외교의 일역을 해냈다. 비보를
듣고 달려온 허정 씨 부처가 배꽃 면류관을 쓴
채 고이 잠든 고인 앞에서 명복을 빌고 있다. 2
월 10일. 김인규 기자

돌아온 '생지옥 65일'. 1969년 12월 11일 강릉발 서울행 KAL기(YS-11)를 탔다가 북한로 강제 납북됐던 승객 50명 중 39명이 65일 만인 14일 악몽을 씻고 자유의 다리를 다시 넘어 조국의 품에 안겼다. 이들의 송환을 초조하게 기다리던 가족 친지들은 마중 나온 버스 속에서 "여보" "형님" 등을 외치며 재회의 감격을 나눴다. 2월 14일. 김해운 기자

마약밀매상의 죽음. 경기도 양주군 동두천읍에서 미군 상대로 마약밀매를 하던 김화남 씨(27)와 임신 5개월 된 부인 정금례 씨(21)가 예리한 흉기로 목이 반쯤 잘려 살해되었다. 수사기관은 곧 한미 합동수사를 벌여 범인으로 지목된 월터즈 기술상병과 블런트 병장을 구속하고 이들이 면도날로 살해했다는 자백을 받았다. 살아 남은 딸 윤정 양(3)이 부모의 죽음도 모른 채 우유병을 빨고 있다. 3월 5일. 윤석봉 기자

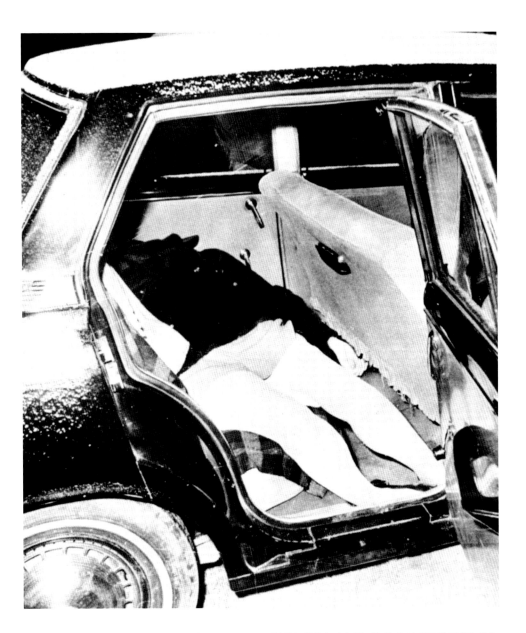

강변3로의 여인 시신. 오빠가 방종한 여동생을 쏘아 죽이고 자신도 다리에 총을 쏘아 살인극을 꾸몄던 '한강로 여인 살해사건'이 발생, 세상을 떠들썩하게 했다. 운전사인 오빠 정종욱 씨(34)는 "동생 인숙 양(26)의 차를 운전해 오면서 동생의 생활을 보고 수차 충고했으나 듣지 않아 이날 '타워호텔'에서 귀가하는 중 한강3로 절두산 밑에서 권총을 쏘아 살해했다"라고 말했다. 살해된 정양이 사고가 난 '서울 자 2-262' 코로나 차 뒷좌석에 밍크코트를 입은 채 쓰러져 있다. 3월 7일. 최동완 기자

조종사의 목을 겨눈 일본도. 납치된 요도호가 김포공항에 착륙한 지 사흘째 되는 2일까지도 범인과 지상 관제탑 사이에선 '승객을 내려놓고 가라는 한국측의 주장과 즉시 이륙시켜 달라는 범인측의 주장이 엇갈렸다. 음식을 나르는 차로 기자들이 접근하자 범인이 부기장의 목에 칼을 겨누고 있다. 4월 2일. 전창우 기자

〉 와르르… 와우아파트. 와우산 비탈에 서 있던 시민아파트 제15동이 폭삭 주저앉아 32명이 사망하고 40명이 부상을 당했다. 이 사고는 70도 각도의 와우산에 철근조차 반밖에 넣지 않고 공사를 한데다 건물의 4분의 3의 무게를 받치고 있는 전면 기둥이 1.5미터 정도만 성토지 위에 묻혀 있었기 때문이다. 4월 8일. 조천용 기자

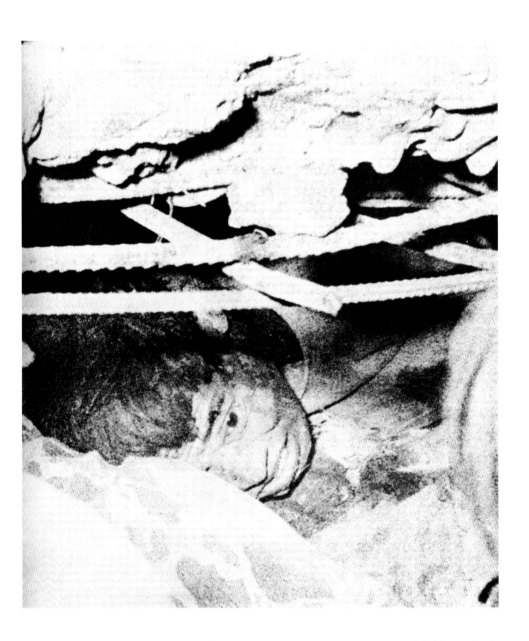

〈 와! 살았다. 설계보다 약 4곱절의 중량을 지탱하지 못해 무릎을 꿇어 버린 와우아파트의 무너진 잔해 속에서 한 어린이를 구해 낸 구조대원이 기쁨으로 환성을 올렸다. 긴급 출동한 구조대는 미군 크레인 등 중장비까지 동원, 33명을 구해 냈다. 4월 8일. 이광태 기자

생과 사의 20시간. 와우아파트가 무너지면서 콘크리트 밑에 깔려 버린 아파트 경비원 박상복 씨가 20시간 생사의 갈림길에서 싸우다 기적적으로 구출되었으나 구조의 보람도 없이 6시간 만에 숨지고 말았다. 4월 9일. 김동준 기자

여보! 시장님. 마포중학교 교정에서 와우아파트 희생자 32위의 합동위령제가 거행되는 노중 김현옥 시장이 유족석을 찾아 위로하자 아직도 슬픔이 아물지 않은 유족들이 노한 표정으로 쳐다보고 있다. 이 사고에 책임을 지고 김 시장은 4월 16일 자리를 물러났다. 4월 11일. 정남영 기자

〉 **마지막 황태자의 마지막 길.** 마지막 황태자 영친왕 이은 공이 서거, 조선 사직의 종지부를 찍었다. 영친왕은 10살 때인 1907년 일본에 볼모로 건너갔다가 56년 만인 1963년에 병고의 몸으로 환국, 성모병원서 뇌혈전증을 치료받아오다가 1일 새벽 병세가 악화, 낙선재로 옮겨졌었다. 향년 73세의 영친왕은 시민의 애도 속에 수왕과 선대왕이 잠들고 있는 영원(남양주)에 묻혔다. 5월 9일. 김운영 기자

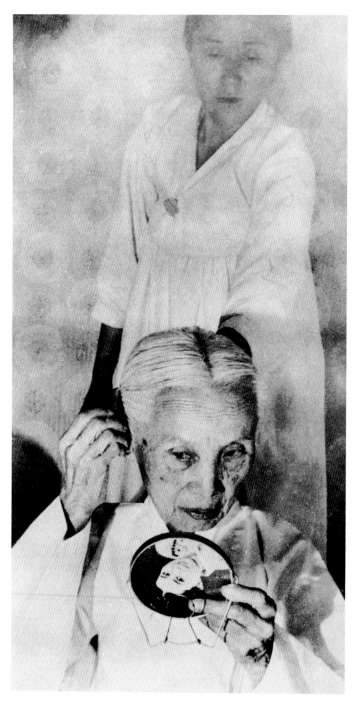

단장하는 이씨 마마. 영친왕 서거소식을 전해 들은 대원군의 맏며느리(고종황제의 형수) 이씨 마마는 식음을 전폐하고 누워 있다가 손님을 만나기 위해 상궁의 부액을 받으며 머리 손질을 하고 있다. 5월 2일. 김흥기 기자

〉**민족의 대동맥 경부고속 개통.** 서울서 부산까지 남북을 관통하는 민족의 대동맥 경부고속도로가 착공 2년 5개월 7일 만에 개통됐다. 총길이 428킬로미터에 429억 원을 투입해 완공된 이 도로는 4차선으로 연인원 893만 명과 연 165만 대의 중장비가 동원되었다. 한편 이 도로가 완공되기까지는 77명이 순직, 금강4교 앞에 위령탑을 세웠다. 7월 7일.

죄와 온정. 이종은이 현장검증 때 목이 말라하자 죽은 친구 유 씨의 하숙집 여주인이 물을 먹여 주었다. 이는 친구인 유 씨와 빚에 관한 시비를 하다가 격분, 다리미 줄로 유 씨를 목 졸라 죽이고 애인 김모 양 집에 도피했다가 김 양이 "당신이 지은 죄의 대가를 치를 때까지 기다릴 터이니 자수하라"라는 권고를 받고 자수했다. 7월 3일. 이을윤 기자

아빠와 함께 드라이브를. 장마 중에 날이 반짝 들자 아버지는 밀린 일은 보러 가야만 했다. 그러나 농리가 모두 물바다, 어린 딸을 두고 갈 수가 없어 양산으로 차양을 만들고 아빠와 딸이 오랜만에 즐거운 드라이브를 즐겼다. 7월 20일 경남 김해. 윤항로 기자

고개 돌린 호화판 주연(酒宴). 경찰이 비밀요정을 급습, 호화판 주연을 벌이고 있던 29명의 손님을 단속했다. 한 상에 1-5만 원씩 하는 이들 비밀요정은 실내에 풀장까지 마련해 놓고 단골손님이 들어오면 문을 닫아걸고 영업을 해왔다. 어느 요정 종업원은 단속하는 경찰에게 영장을 내놓으라는 호통을 치는 촌극도. 7월 23일. 이영배 기자

〉**동심의 궁전 어린이회관 개관.** 어린이들의 꿈을 키워 줄 동양 최대의 어린이회관이 남산 위에 우뚝 서 서울시를 내려다보게 됐다. 육영재단에서 6억 원을 들여 지은 이 회관은 지하 1층, 지상 18층에 총 건평 3,701평으로 체육관, 극장, 도서실, 수영장, 미술실, 과학실, 음악실 등이 있어 어린이들이 실비로 이용하게 된다. 7월 25일. 김경태 기자

무등경기
88

인질극. 탈영병이 변심한 애인을 총으로 위협, 인질로 삼고 헌병들과 대치한 사건이 진주에서 발생, 그 후 연이어 일어난 인질극의 시초가 됐다. 광주 제2사관학교에 근무하던 이판이 일병은 M1 소총과 탄환 64발, 대검을 훔쳐 탈영한 후 진주에 사는 애인 김숙자 양을 납치, 기동대와 대치하다 35시간 후 차방(다방)에서 잡혔다. 8월 19일. 윤석봉 기자

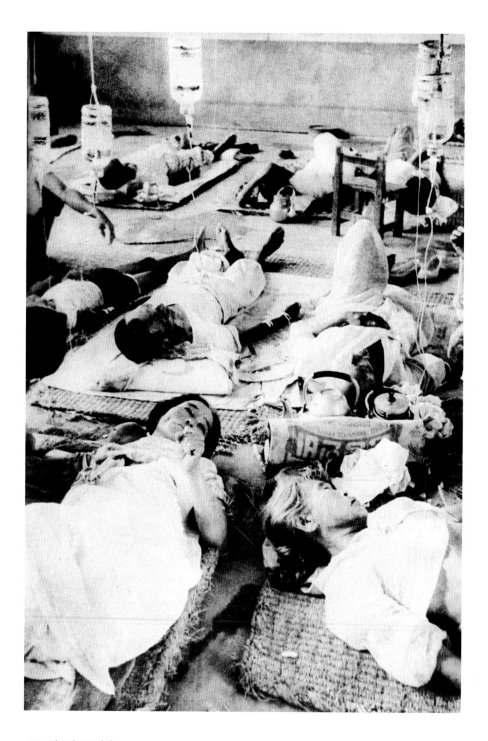

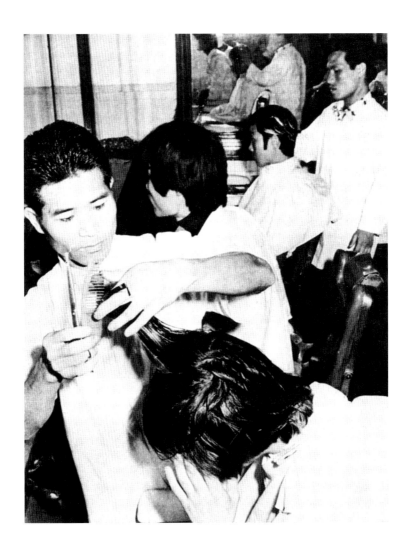

〈 **무방비 덮친 콜레라.** 매해 찾아오는 반갑지 않은 손님 콜레라가 올해도 예외 없이 찾아들었다. 이 콜레라는 창녕군 부곡면 과정리에서 상갓집서 돼지고기를 먹은 문상객 5백여 명 중 1백여 명이 앓기 시작, 삽시간에 전국 여러 곳에 퍼졌다. 이 콜레라는 오기와 형 콜레라로 밝혀졌는데 69년에 침입한 콜레라가 월동한 후 발생한 것으로 보인다. 8월 14일. 권정호 기자

단발령. 서울시경은 타인에게 불안감과 혐오감을 준다는 이유로 장발족 단속에 나서 하루 동안에 677명을 검거 29명을 즉심에 넘기고 나머지는 모두 머리를 짧게 깎은 뒤 훈방했다. 이날 잡혀 온 일부 장발족은 "머리를 기르는 것까지 경찰이 간섭하는 것은 사생활의 침해"라고 항의했으나 결국은 머리를 깎이고 말았다. 8월 28일. 한재학 기자

위, 〉 최후의 발악. 무조건 난폭해지고 싶다며 강원도 양구 소라다방에서 종업원 등 4명
을 인질로 잡고 소란을 피던 범인 박추수가 기자들에게 담배를 사달라고 부탁, 담배를
사주자 약속대로 카빈 총을 들고 포즈를 취했다. 대치 26시간 만에 자기 가슴에 총을 쏘
아 자살한 박이 다방 카운터 앞 피바다 속에 누워 있다. 8월 28일. 구태봉 기자

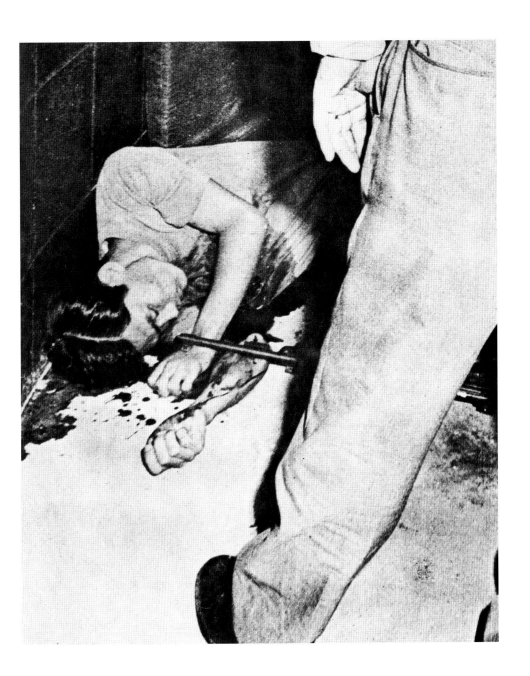

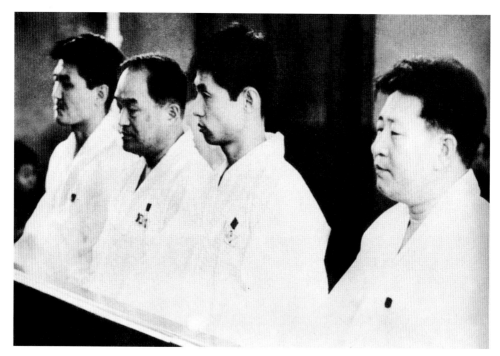

심판 받는 당시 '오적'. 당시 '오적' 사건에 관련
반공법 위반 혐의로 구속된 4명의 피고들이 공
판정에 섰다. 우로부터 김용성, 『민주전선』 편
집인, 김승균, 『사상계』 편집자, 부완혁 전 『사
상계』 발행인, 김지하 시인. 이들은 8일 오후 모
두 보석으로 풀려났다. 9월 7일. 조천용 기자

〉 **삼륜차 수송작전.** 추석을 맞아 성묘객들이 몰
리자 약삭빠른 상혼이 고개를 들었다. 홍은동
에서 벽제 공도묘지까지 100원씩 받는 이 삼륜
차 합승도 재빠르지 않으면 타지 못할 정도. 조
상에 효도하기가 점점 힘들어진다. 9월 15일.
이영배 기자

대통령 후보 김대중 씨. 김대중 씨가 예상을 뒤엎고 신민당 대통령 후보로 선출되었다. 유진산 당수가 40대 후보 김영삼 씨를 지명했으나 1차 투표에서 아무도 과반수의 표를 얻지 못해 2차 투표에 들어가 이승철 씨계의 가세로 김대중 씨가 김영삼 씨를 누르고 후보에 지명됐다. 1차 투표서는 김대중 씨 382표, 김영삼 씨 421표였고, 2차 투표는 김대중 씨 458표, 김영삼 씨 410표였다. 9월 15일. 김정찬 기자

자유의 보금자리. 1·21사태 때 무장공비로 남파됐다 자유의 품에 안긴 김신조 씨가 결혼, 자유의 보금자리를 마련했다. 양택식 서울시장의 주례로 결혼식을 올린 이들은 예물교환에서 신랑 김 씨는 비둘기 한 쌍을, 신부 최정화 양은 탁상용 태극기를 예물로 주었다. 10월 7일. 김인규 기자

눈물로 얼룩진 졸업식. 45명의 유해가 경서중
학교에 마련된 임시 빈소에 도착하자 유족들이
몰려와 몸부림치며 통곡했다. 학우와 교사들의
흐느낌 속에 비명에 간 45명의 합동장례식이
거행된 교정에서 학교측은 이들에게 명예졸업
장을 수여했다. 수학여행 도중 사고를 당해 사
망한 이들은 이들은 모두 김포 고려공원묘지에
나란히 묻혔다. 10월 15일. 정석용 기자

〈 **터널 속에 박살난 수학여행.** 경서중학교 수학
여행 참사 사흘 만에 인창고교생들이 수학여행
을 가다가 열차의 충돌로 인솔교사 2명, 학생
10명 등 14명이 사망하고 57명이 중경상을 입
는 수학여행 참사가 연발했다. 이 사고는 망우
리와 원주 사이 '열차집중 제어장치' 회로에 고
장이 나서 원주역의 진행 상황을 모른 채 반대
편에서 오던 화물차를 출발시켰기 때문에 일어
났다. 10월 17일. 김택현 기자

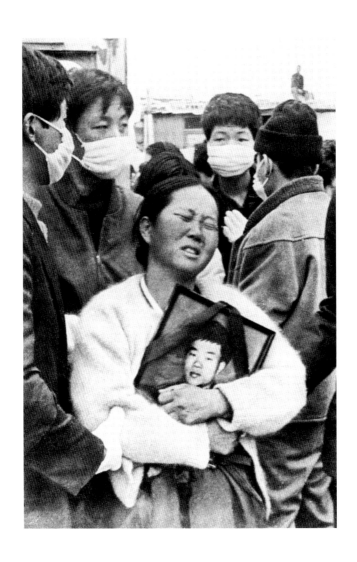

〈 새 단장한 행주산성. 문화재관리국이 1억 1천만 원의 공사비를 들여 비각을 다시 짓고 덕양정, 진강정, 대첩문을 세우고 사당인 충장사를 새로 건립한 행주산성이 새 모습을 드러냈다. 사적 56호의 이 산성은 1953년 임진란 때 권율 장군이 1천3백 명의 군사로 수만의 왜군을 막아낸 곳이다. 11월 10일. 이동일 기자

장례보단 아들의 뜻을⋯. 평화시장 내 피복제조상들의 노동조건 개선을 내걸고 분신자살한 전태일 씨(23)의 어머니가 장례식에서 죽은 아들의 사진을 들고 비통해 하고 있다. 전 씨의 어머니 이소선 씨는 "아들의 뜻이 관철될 때까지 장례를 치르지 않겠다"라고 주장해 당국의 시정 약속을 받아냈다. 11월 18일. 이승봉 기자

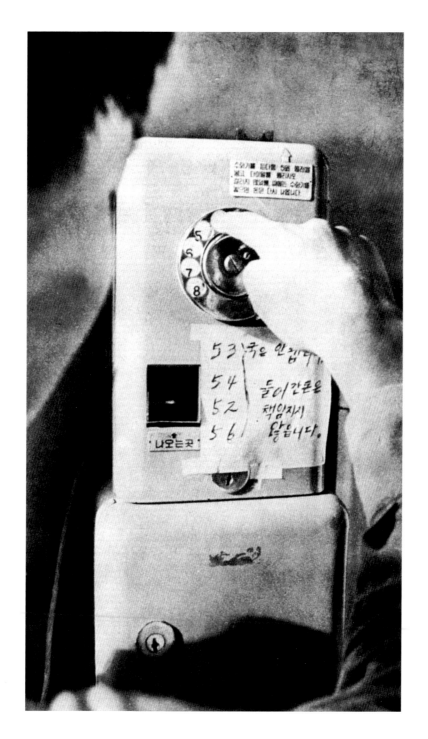

〈 **동전 먹는 기계.** 1971년도 전화 예산이 8만 회선 계획 중 4만2백 회선 만이 확보되어 전화 소통의 원활은 암담하기만 한데 변두리의 공중전화는 '동전을 먹는 기계'다(문화촌 종점에서). 11월 18일. 임희순 기자

아시아 정상의 미소. 50년 한국 수영사상 최초로 일본을 누르고 2개의 금메달을 따낸 조오련 선수가 2개의 금메달을 들고 자랑스러운 표정으로 웃고 있다. 조 선수는 1969년 6월 처음으로 서울에 올라와 정상적인 훈련을 받기 시작했으나 1년 반 동안 14개의 국내 기록을 갱신했다. 조 선수는 끝없는 스태미나에 특수한 영법으로 아시아의 정상에 올랐다. 12월 15일. 최해명 기자

매머드 정부종합청사 준공. 해방 후 단일 건물로는 최대 규모인 정부종합청사가 착공 3년 5개월 만에 공사비 43억 원을 들여 준공됐다. 지하 3층, 지상 19층, 탑상 3층 등 25층 96미터의 이 건물은 연건평만도 2만 1,312평이 되며 내부, 재무, 문교, 농림, 상공, 건설, 보사부 등과 국세청, 경제과학심의회, 산림청, 과학기술부, 국토통일원이 들어가게 된다. 12월 23일. 윤명남 기자

제자리 찾은 대한문. 1968년 1월 서울시가 태평로 폭을 50미터로 늘리면서 덕수궁 담이 이전돼 혼자 길 가운데 나앉았던 사적 제124호 대한문이 2개월 만에 덕수궁 담과 나란히 제자리를 찾아 새 모습을 드러냈다. 12월 26일, 조성호 기자

〉 **곡창을 누비는 호남고속도로.** 호남평야를 뚫고 달리는 호남고속도로 중 대전-전주 간 79킬로미터가 착공 8개월 만에 준공됐다. 총공사비 62억 7천만 원을 들여 2차선으로 뚫린 이 고속도로는 농업의 기업화와 근대화에 큰 역할을 하게 됐다. 정부는 2차 구간인 전주-순천 간 210킬로미터의 공사를 1971년 하반기에 착공할 계획이다. 사진은 논산 인터체인지. 12월 30일, 정남영 기자

'72
報道写真年鑑
NEWS
PHOTOGRAPHY
ANNUAL

韓国写真記者団

1971

위기일발의 불시착. 승객 60명, 승무원 5명을 태우고 속초를 출발, 서울로 향하던 KAL 소속 F-24기가 강릉 상공에서 폭발물을 든 김상태(22)에 의해 납북되어 가다가 휴전선을 넘기 2분 전 조종사의 기지와 공안원의 용기로 범인을 사살하고 고성군 내면 초도리 바닷가에 동체로 불시착하여 납북을 모면했다. 1월 23일. 장흥근 기자

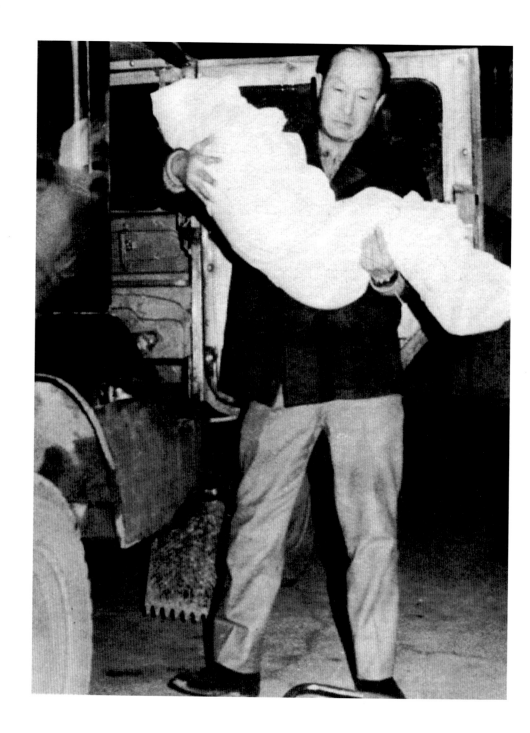

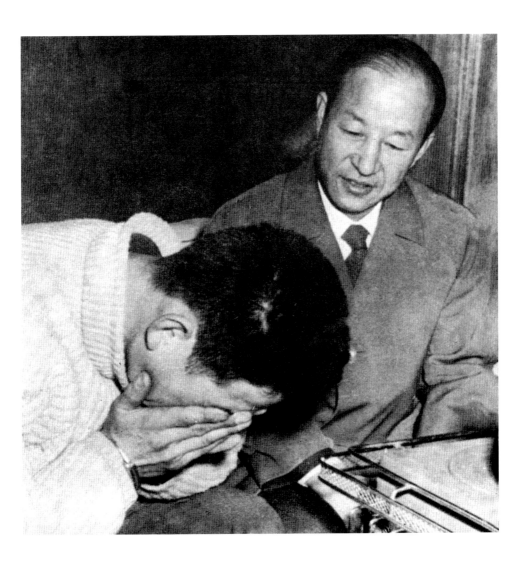

〈 시체로 돌아온 4대 독자. 1월 1일. 면목동에서 트럭에 치인 채 생사를 알 수 없었던 4대 독자 상훈 군이 끝내 시체가 되어 돌아왔다. 상훈 군을 찾기 위해 매스컴 등에서는 캠페인까지 벌였는데 13일 현장에서 숨진 상훈 군을 점퍼에 싸서 집 앞 볏가리에 숨겼던 운전사 한은종(경기도 연천군 미산면) 씨가 자수함으로써 사망이 확인됐다. 아버지 김경태 씨가 상훈 군의 시체를 안아 옮기고 있다. 1월 13일. 이승봉 기자

관용 앞에 사죄의 흐느낌. 아버지의 권유로 자수한 상훈 군을 살해한 운전사 한은종 씨가 청량리경찰서로 찾아온 상훈 군의 아버지 김경태 씨의 위로의 말을 듣고 수갑 찬 손으로 얼굴을 가린 채 흐느끼고 있다. 김 씨는 "상훈이는 죽어 돌아왔지만 운전사의 양심이 살아 돌아와 다소라도 위안이 된다"라며 관대한 처벌을 바랐다. 1월 15일. 윤석봉 기자

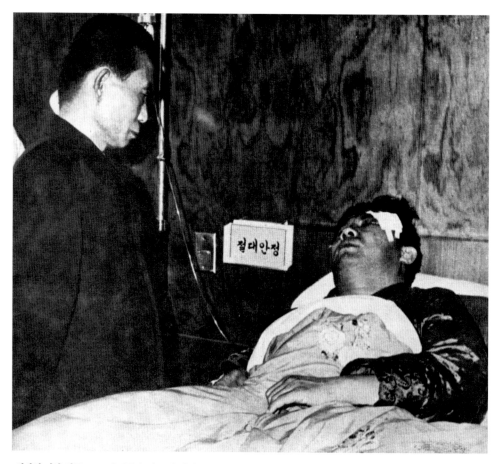

병상의 기장 위문. KAL기 납북을 막는 데 기지
와 용기를 보인 기장 이강흔 씨가 입원하고 있
는 병실을 찾아 위문하는 박 대통령. 이 씨는 눈
위를 다쳐 실명될지도 모른다는 얘기가 있었으
나 완쾌되어 다시 KAL에서 기장으로 근무하고
있다. 1월 24일. 이을윤 기자

〉 **탤런트 지망의 쌍둥이들.** TV연속극에 출연
할 일란성 쌍생아 모집에 응모한 2백 쌍의 쌍둥
이들이 한 상의 응시표만을 단 채 면접과 실기
시험의 순서를 기다리고 있다. 부모조차 구분
하기 힘들 정도로 닮은 쌍둥이들의 짝지어 같
은 표정으로 앉아 있는 것이 재미있다. 2월 8일.
이용선 기자

위,〉남과 북의 남매 육성의 해후. 싯포로 대회에 참가하고 있는 북
한의 한필화 선수가 서울에 살고 있는 오빠 필성 씨와 20년 만에 목
소리로만 만났다. 한계화 씨가 필화가 동생임을 주장했으나 35분
간의 통화로 필성 씨와 필화가 남매임이 확인됐다. 필성 씨는 동생
을 만나기 위해 급히 도쿄로 달려갔으나 조총련 등의 방해로 동생
을 보지도 못한 채 돌아와야 했다. 2월 15일. 조천용, 이광태 기자

공화당전당대회, 박 총재 후보 지명. 공화당은
전당대회를 열고 제7대 대통령 후보에 박정희
총재를 지명했다. 서울 장충체육관에서 열린
제5차 공화당 전당대회에서 벡남익 당의장의
동의로 박 총재의 지명이 만장일치로 의결되자
박 총재는 "새로운 역사 창조의 험난한 가시밭
길을 한 걸음 더 헤쳐 가야 할 무거운 책임을 통
감, 이를 수락하다"라고 연설했다. 2월 17일. 김
주업 기자

광주대단지의 복덕방. 광주대단지에 주택 붐이
일어 하나씩 들어서던 복덕방들은 환지(換地:
교환 토지)의 매매가 활발해지자 자꾸 늘어나
이제는 아주 '복덕방 동네'를 이루었다. 2월 19
일. 이승봉 기자

피치 올리는 지하철공사. 서울의 교통체증을 해소시킬 지
하철 공사가 밤을 새워 진행되고 있다. 서울역서 청량리까
지 9.54킬로미터의 제1호선은 260억 원이 투입되어 1973
년 말까지 완공되며 곧 2호선이 착공될 예정이다. 4월 4일.
양영훈 기자

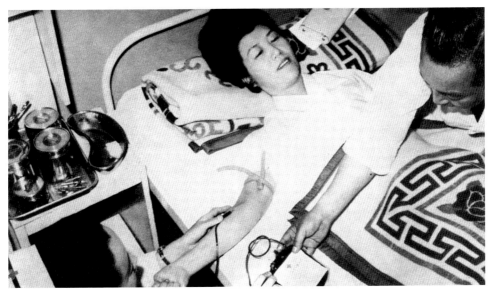

위, 헌혈. 양지회 회장 육영수 여사는 대한적십자사가 벌이고 있는 헌혈운동에 호응하여 양지회 회원 187명과 함께 적십자병원을 찾아 240cc의 채혈을 했다. 이날 채혈된 피는 시립아동병원에 전달되었다. 4월 14일. 강기준 기자

아래, 유세장의 김대중 후보. 제7대 대통령 선거에 신민당 후보로 나선 김대중 씨가 전주고등학교 교정에서 열린 유세에서 자신을 지지해 줄 것을 호소하고 있다. 김 후보는 예비군 제도의 폐지 등을 공약으로 들고 나와 하루 3, 4차례씩이나 유세를 벌이는 강행군을 했으나 공화당 박정희 후보에게 패했다. 4월 17일. 최영호 기자

서울 유세장의 박정희 후보. 장충공원 7만 평
을 모두 메워 유세사상 가장 많은 청중이 모인
공화당 서울 유세에서 운집한 군중들에게 손을
흔드는 박정희 후보 내외. 박 후보는 이 유세에
서 "나에게 한 번만 더 기회를 주면 부정부패를
뿌리 뽑은 후 물러나겠다"라고 말해 청중들의
박수갈채를 받았다. 4월 25일. 이영우 기자

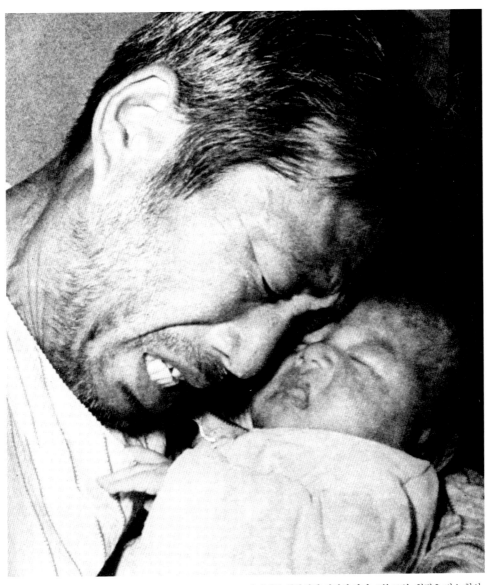

아버지를 석방시킨 기적의 아기. 5월 13일. 청평호 버스 참사에서 기적적으로 살아난 생후 77일의 명숙 양이 법의 온정으로 풀려나온 아버지 정영화 씨의 품에 안겼다. 정 씨는 면허 없이 의료행위를 한 혐의로 구속 기소되었었고, 어머니 박정순 씨는 명숙 양을 업고 정 씨를 면회 오다 참변을 당했다. 명숙 양이 혼자 남은 사실이 알려지자 판사는 정 씨를 직권 보석으로 풀어 주었다. 5월 13일. 황태호 기자

핫팬츠 명동 상륙. 유행은 국경도 없고 인종도 없는 것. 외국에서 고개를 들기 시작한 핫팬츠가 명동거리에 등장했다. 미니스커트에 이어 선을 보인 이 핫팬츠는 찬반의 논쟁도 많았지만 이젠 현실이 되었다. 5월 26일. 서일성 기자

〈 조선시대(?)의 선거 풍경. 유세를 위한 자금이 충분치 않은 일부 군소정당의 후보들은 벽보판과 연단·선거사무실을 겸한 달구지를 몰고 유권자를 찾아다니며 한 표를 호소하기도 했다. 조선시대에 선거를 치르고 있는 것 같은 풍경이다. 5월 18일, 부산진 갑구. 이경재 기자

대통령 취임. 제7대 대통령에 당선된 박정희 대통령의 취임식이 중앙청 앞 광장에서 있었다. 박 대통령은 취임사에서 "앞으로 4년간 안보와 통일을 위한 외교적 노력, 계속적인 경제개발, 사회적 부조리 제거에 나의 모든 것을 바치겠다"라고 다짐했다. 7월 1일. 이상인 기자

〉**햇빛 본 '백제의 신비'.** 무령왕릉에서 발굴된 출토품 중의 귀금속들. 정교한 제작은 1천5백 년 전 우리 조상의 솜씨가 뛰어났음을 보여준다. 7월 11일. 구태봉 기자

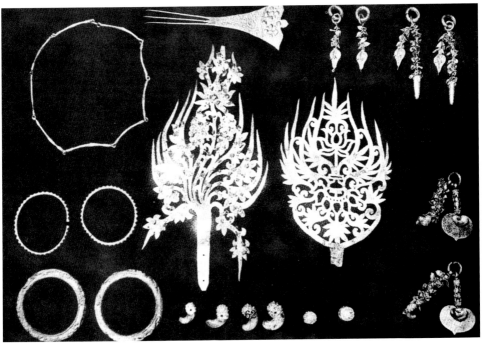

곤경에 빠진 난동 흑인 병사. 9일 밤 평택군 팽
성면 안정리에서 흑인 병사가 백인 병사와 싸
우다 돌에 맞았다는 소식을 들은 흑인 병사 1백
여 명이 백인 클럽을 습격, 닥치는 대로 기물을
부숴 2천만 원의 피해를 냈다. 이에 격분한 주
민들은 데모를 벌이다 남아 있던 흑인 병사들
을 찾아 나서기도 했으며, 주민들에게 발견된
흑인들은 봉변을 당하기도 했다. 7월 10일. 송
호창 기자

〉**"만세!" 동성호 선원 귀국.** 북양에서 어업 중
5월 31일 제501 소련 경비정에 납치되었다가
45일 만에 석방된 제55동성호 선원 14명이 대
만을 거쳐 KAL편으로 부산 수영공항에 내리며
만세를 높이 외쳤다. 이들은 8일 소련이 일본에
한국 어부를 석방하겠다고 통고, 일본의 해상
보안청 에리모 호에 의해 인수되었다. 그러나
선장 문종하 씨는 재판을 받아야 하기 때문에
함께 석방되지 못했다. 7월 18일. 김경태 기자

광주대단지사건. 경기도 광주군 광주대단지 철
거민 3만여 명이 "비싼 단지 불하가를 내려 달
라"라는 궐기대회를 벌이다 일부가 광주군 성
남출장소에 달려가 불을 지르고 다시 광주사업
소에 몰려가 기물을 모두 부수고 사업소 차량 2
대도 불태웠다. 이들은 또 지나가던 시내버스
를 뺏어 타고 단지를 휩쓸었다. 내무부는 이의
수습책으로 땅값을 내리고 구호양곡을 추가 배
급키로 했다. 8월 10일. 최덕천 기자

수도방위를 기습한 실미도 난동. 인천 앞 실미도에 있던 공군 관리의 특수범 24명이 무장난동을 일으켜 섬 경비원 14명을 살해하고 인천 송도에 상륙, 민간버스를 탈취해 타고 부평, 소사를 거쳐 서울 시내로 들어오다 저지하는 군·경과 민간인을 닥치는 대로 사살하고 노량진 유한양행 앞까지 와서 군·경·예비군의 저지로 가로수를 들이받은 채 멈췄다. 이 실미도 사건은 한때 무장간첩으로 발표돼 국민을 놀라게 했다. 8월 23일. 이경재 기자

난동 현장의 생존자. 노량진 유한양행 앞에서 집중사격을 받아 수류탄을 들고 섰던 난동자가 넘어지면서 4–5발의 수류탄이 터지는 순간 버스가 멈춰섰다. 출동한 경찰이 버스에서 생존한 김종철을 병원으로 후송키 위해 들것으로 옮기고 있다. 이들 난동자들은 사격과 폭발로 24명 중 18명이 사망하고 6명이 부상했다. 살아난 김은 "중앙청으로 가서 높은 사람과 만나려 했다"라고 말했다. 8월 23일. 서종도 기자

공비소탕작전. 김포에 토굴을 파고 은신했던 4명의 무장공비가 나무꾼에 발견되어 도주하다 2명은 사살되고 2명은 김포군 검단면 금곡리 좌동마을로 뛰어들어다. 긴급 출동한 군·경·예비군은 탱크까지 동원, 포위했다. 해병대원들은 지붕 위에 올라가 이들의 사살을 기도했으나 민간인을 인질로 잡고 무차별 난사, 손을 쓸 수 없었다. 9월 17일. 박성순 기자

〉**통일을 향한 첫 걸음.** 통일에의 길을 향한 먼 길의 첫걸음인 남북적십자사 첫 예비회담이 열렸다. 9월 20일. 임희순 기자

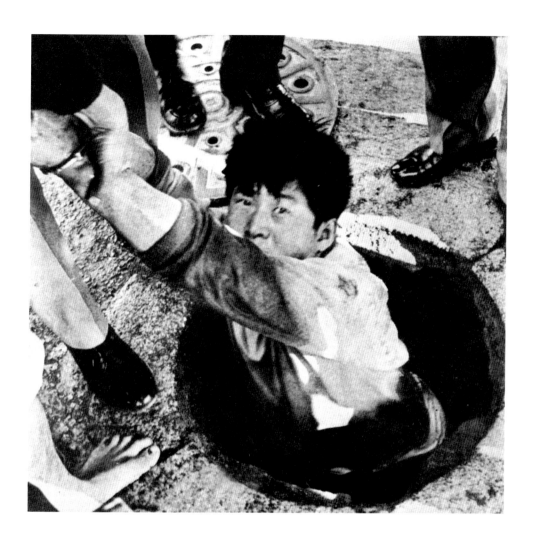

〈 **퇴폐풍조 단속, 장발족 수난.** 1일 상오 9시부터 경찰은 전국적으로 퇴폐 풍조단속에 나섰다. 히피성 장발족·음화·음서·도색영화 등 퇴폐풍조 추방을 위한 이 단속에서는 첫날 2천6백 명의 장발족이 머리를 깎였다. 이 바람에 각 경찰서는 이발소로 변했고, 길에서는 단속 경관과 "장발이다" "아니다" 하는 시비가 벌어졌다. 10월 1일. 이창순 기자

불운의 맨홀, 날치기범 체포. 10월 23일. 서울 동대문구 제기동 경동시장서 현금 7천8백 원을 날치기해 달아나던 범인 이재도가 쫓기다 하수도로 뛰어들었다. 범인은 하수도를 통해 1킬로미터나 떨어진 신설동네거리에 와서 맨홀 뚜껑을 열고 머리를 내밀다 교통정리를 하던 교통순경에 들켜 결국 붙잡히고 말았다. 안심하고 연 맨홀이 네거리 한복판에 있을 줄이야. 10월 23일. 김택현 기자

〈 **비상 풀린 캠퍼스.** 학원 질서확립을 위한 '특별명령'이 이행된 학교에서는 군병력을 철수하라는 박 대통령 지시로 위수령 이후 각 대학에 진주했던 군인들이 9일 만에 철수했다. 군 철수 소식을 들은 학생들은 학교로 달려와 긴장이 풀린 표정으로 군 철수를 지켜보았고 마지막 병력이 나가자 교가를 부르기도 했다. 연세대서 철수하는 공수특전단. 10월 23일. 민병태 기자

입영하는 교련 거부 주동 학생. 교련 거부 데모 주동학생으로 지목되어 입영조치키로 됐던 서울지구 각 대학생 중 30명이 1차로 논산훈련소에 입영하게 됐다. 짧게 깎은 머리에 수건을 두르고 용산역을 떠나는 이들을 전송하기 위해 나온 1천여 명의 교수들과 동료들은 교가와 응원가를 합창했다. 10월 26일. 박태홍 기자

죽음의 막차. 부산을 떠나 동래군 서생면으로 가던 경남운수 소속 버스가 동래군 기장면 만화고개 120도 S자 커브에서 높이 102미터의 언덕으로 굴러 떨어져 27명이 사망하고 30여 명이 중경상을 입었다. 11월 5일. 송호창 기자

〉 **들통난 개천물 막걸리.** 대장균이 우글거리는 개천물로 10년 동안 막걸리를 만들어 팔아오던 일당 15명이 경찰에 구속됐다. 11월 27일. 김용기 기자

〈 **죽음의 절벽, 인수봉.** 서울 성북구 우이동 백운대 인수봉 정상(해발 803m)에서 자일을 타고 내려오던 등반객 중 7명이 약풍에 지일이 얽혀 매달렸다가 2명은 추락 사망하고 5명이 동사했다. 이들은 리더도 없이 영하 15도의 혹한에서 날이 어두워진 인수봉 후면 코스를 타고 서로 먼저 내려가려다 자일이 얽혀 조난한 것이다. 이들은 다음 날 동료 산악인들에 의해 모두 내려져 운구되었다. 11월 28일, 이중현 기자

위, 국가비상사태 선언. 박 대통령은 "최근의 국가정세와 북한의 동향을 분석, 평가한 결과 대한민국의 안전보장이 중대한 위기에 처해 있다고 판단되어 이를 국민에게 알리기 위해 국가비상사태를 선언한다"라고 발표했다. "안보상의 취약점이 될 일체의 사회불안을 용납하지 않으며 또 불안요소를 배제한다"라는 등 6개 조항의 선언이 발표되자 시민들이 속보판에 모여 관심을 보였다. 12월 6일. 이우진 기자

아래, "야! 많이 자랐구나." 얼룩무늬의 사나이들이 돌아오는 부산 부두에는 피켓에 이름을 써 들고 마중 나온 가족들로 붐볐다. 환영식이 끝나자 정국본 대위는 마중 나온 부인 임혜빈으로부터 딸 진화 양을 받아 안으며 가족과의 재회를 기뻐했다. 12월 9일. 김동준 기자

매트리스에 건 희망. 삽시간에 불길이 번진 대연각호텔 화재 현장에는 안타까운 사연들이 많았다. 다오르는 불길을 피해 창틀에 매달렸다 낙엽처럼 떨어져 죽은 사람, 간신히 구조 헬리콥터의 밧줄을 잡았다 놓쳐서 추락 사망한 사람, 또는 10여 층 높이에서 매트리스를 안고 뛰어내렸으나 사망한 사람 등. 사진에 보이는 매트리스를 들고 창가에 서 있던 사람도 잠시 후 뛰어내렸으나 절명했다. 12월 25일. 김동준 기자

'73
報道写真年鑑
NEWS
PHOTOGRAPHY
ANNUAL

韓国写真記者団

1972

와! 붙었다. 무시험 중학 진학생들이 처음으로 치른 전기 고교입시의 결과는 각 중학교에 합격자가 안배되어 있어 중학 평준화와 지역차 해소가 많이 이루어졌다는 것을 보여주었다. 발표가 나붙은 각 고교 정문에는 희비가 엇갈리고 어떤 학부형들은 합격된 학생을 목말을 태워 교문을 나서기도 했다. 1월 21일. 유남희 기자

〉 **해괴한 졸업식 해프닝.** 졸업식장에서의 해프닝이 유행했다. 고등학교 졸업식에서 보이는 해프닝은 학생들이 교복을 발기발기 찢고 밀가루를 뿌리고, '매직잉크'로 얼굴에 그림을 그리는 등 해괴한 졸업 축하(?) 의식을 서슴지 않아 보는 이들의 이맛살을 찌푸리게 했다. 일부 학생들은 '축! 출감'이라는 머리띠를 두르고 거리로 나서기도 했다. 1월 13일. 박태홍 기자

까루용초원소년소녀들이제... 고마가
헌차이랑가망춘매... 벌써 졸업이라네

여교사 제식훈련. 서울시내 여자 교련교사 70여 명은 3월 새 학기부터 실시되는 여고생들의 질서훈련에 대비하여 제식훈련을 받았다. 이들은 무학여고에서 남자고등학교 현역 교관으로부터 1주일간 50시간의 제식훈련을 받았다. 1월 13일. 조천용 기자

〈 들통난 연기-방성자 양 구속. 1월 14일 영화배우 방성자(30) 양이 집에서 도둑질을 하려다 들켜 달아나는 범인을 권총으로 쏘아 부상케한 사건이 일어났다. 방양은 자신이 쏘았다고 주장했으나 경찰의 수사 끝에 총을 쏜 것은 방양이 아니고 같이 자던 함기준 공군 상병임을 밝혀내고 방양을 범인은닉죄·총포화약류단속법 위반 혐의로 구속하는 한편 함 상병도 구속, 군기관에 넘겼다. 경찰에 구속된 방양은 "그를 죽도록 사랑했기 때문에 자신이 총을 쏘았다고 거짓 진술했다"라고 털이놓있다. 1월 27일. 유남희 기자

불우를 이긴 고시합격의 형제. 불구와 가난을
딛고 형제가 나란히 14회 사법고시에 합격했다.
2살 때 소아마비로 불구가 된 형 박장우(22) 씨
와 동생 박홍우(19) 군이 그 주인공. 서울법대
를 나온 형은 이번이 5번째이고 서울법대 3년
생인 동생은 첫 응시로서 형제가 합격한 전례
를 남겼다. 이들의 합격이 있기까지는 종로구
동숭동 단칸 판잣집에서 가난을 이기며 책을
구입한 아버지 박찬옥 씨와 14년 동안 눈비를
가리지 않고 등굣길을 보살폈던 어머니 황을연
씨의 정성이 있었다. 3월 16일. 이용선 기자

"아파트를 빌려 줍니다" 주택공사가 개봉동 아
파트 250 가구를 임대아파트로 내놓자 3,339명
이 몰려들어 13대 1의 경쟁률을 보여 추첨으로
입주자를 뽑았다. 이 아파트는 당초 13평 호당
120만 원씩 분양하려고 내놓았으나 팔리지 않
아 호당 보증금 7만8천 원에 월세 6천5백 원으
로 임대하게 된 것이다. 5월 9일. 김주업 기자

초미니 학교. 학생 수가 모두 7명뿐인 학교 아
닌 초미니 국민학교. 제주도 북제주군 추자면
추포도에 있는 이 학교는 교사 배용문(39) 씨가
학교에 다니지 못하는 어린이를 위해 자진해서
이 섬에 들어와 가르치는 곳이다. 8가구가 사는
이 섬은 제일 가까운 학교가 바다로 2킬로미터
떨어진 추자도 초등학교이기 때문에 어린이들
이 학교에 가지 못하고 있었다. 5월 20일. 김성
수 기자

다시 찾은 광명. 월남전에서 부상. 두 팔과 두 눈의 시력을 잃었던 주월청룡부대 양지수(24) 하사가 미국 월터리드 육군병원에서 각막이식 수술로 광명을 되찾아 귀국했다. 양 하사는 부모와 가족 친지들의 마중을 받으며 "2년 만에 다시 보게 되어 감격할 뿐"이라면서 "수술을 주선해 준 힌·미 두 정부에 감사한다"고 말했다. 7월 25일. 심종완 기자

실패로 끝난 첫 대한해협 횡단. 세계 최초로 대한해협 81.2킬로미터를 수영으로 횡단하기 위해 일본인 나카지마(26) 씨가 31일 새벽 3시 대마도 고사키 항을 출발했으나 도중 두 차례의 복통으로 횡단 수영을 포기했다. 나카지마 씨는 16시간 10분 만에 남형제도 앞 7.6킬로미터 해상까지 59킬로미터를 수영해 왔었다. 나카지마 씨는 상어 떼의 습격을 막기 위해 철망 안에서 수영을 했었다. 7월 31일. 최영호 기자

수마에 물어뜯긴 동강교. 탁류에 휩쓸려 모두
가 진흙벌로 변해 버린 영월. 세찬 물살을 견디
다 못해 동강철교가 산산이 부서져 나갔다. 철
교 위를 달리던 철로가 엿가락처럼 휘어 물속
에 잠긴 것이 수마의 위력이 얼마나 세었는가
를 보여준다. 8월 24일. 구태봉 기자

멀고 험해도 가야만 할 길이기에…. 제1차 남북적십자 회담을 위해 한적 대표들이 처음으로 입북하는 판문점은 축제의 분위기였다. 한적 대표단 54명은 사진 대조뿐인 간단한 통과수속 후에 북의 소년·소녀들이 전달한 꽃다발을 받아들고 판문각에서 잠시 쉰 다음 북으로 향했다. 북적 김태희 단장은 안내를 받아 판문각으로 향하는 이 수석대표(오른쪽). 8월 29일. 이창성 기자

⟨ **말없는 전봇대의 증언**. 중부지역 강타한 폭우로 지도마저 바뀌어야 한다던 중부지방 제천, 단양, 영월의 물난리는 극심해 헬리콥터가 식량을 공수하기까지 육로들이 모두 막혀 육지 속의 고도로 1주일을 버티어야만 했다. 물이 빠진 단양천변의 5미터가 넘는 한 전봇대에는 떠내려가던 초가지붕의 잔해가 걸려 물난리가 어떠했던가를 증명해 주고 있다. 8월 26일. 정범태 기자

남북적 합의문서 교환. 제2차 본회담 때 교환 키로 예정됐던 합의문서가 양측의 의견 차이로 지연되었다가 14일 하오 6시 45분 타워호텔에서 전격적으로 양측 수석대표 간에 교환됐다. 9월 14일. 임희순 기자

〉**계엄사령관의 포고 1호.** 박 대통령이 전국에 비상계엄령을 선포하고 비상조치에 관한 특별 선언을 발표한데 이어 계엄사령관으로 임명된 노재현 육군참모총장이 포고 1호를 발표하고 있다. 포고 1호는 정치활동 목적의 실내외 집회 금지, 언론·출판·방송 등의 사전검열, 대학의 당분간 휴교 등이 내용으로 되어 있다. 10월 17일. 김용택 기자

밤을 지키는 계엄군. 17일 하오 7시를 기해 비
상계엄이 선포되자 어둠이 깔린 서울 거리에
탱크·장갑차 등이 등장했다. 중앙청 앞(사진)과
국회의사당 앞 등에 계엄업무를 수행하기 위한
탱크가 출동했으나 오가는 시민들의 표정은 탱
크와는 무관하다. 10월 17일. 구태봉 기자

유신헌법 확정. 유신헌법에 대한 국민투표가 시행되는 날 박 대통령은 부인 육영수 여사와 이번에 처음으로 투표권을 행사하게 된 맏딸 근혜 양과 함께 종로구 궁정동에 있는 투표소에 나와 투표했다. 11월 21일. 이남기 기자

한국적 민주주의. 이번 국민투표는 91.9퍼센트 라는 높은 투표율을 보여 총 유권자 1천 5백 67 만여 명 중 1천 4백 41만여 명이 투표에 참가, 1 천 3백 18만 6여 표의 찬성표를 얻어 91.5퍼센 트의 찬성률로 유신헌법안을 확정시켰다. 시도 별로 보면 서울이 찬성률 82.5퍼센트로 제일 낮 고 강원이 95.8퍼센트로 제일 높다. 사진은 서 대문구 갈현투표소. 11월 21일. 황태호 기자

제8대 대통령 취임. 통일주체국민회의에서 제8대 대통령으로 선출된 박정희 대통령의 취임식이 장충체육관에서 거행됐다. 박 대통령은 취임사에서 "유신이념을 구현하기 위해 전 국민의 절대적인 지지 속에 국정 전반에 걸친 일대 개혁을 단행해 나갈 것"이라고 다짐했다. 12월 27일. 김성수 기자

〈 **구조를 외치는 피맺힌 절규.** 시민회관 화재는 '10대 가수 청백전'이 막 끝난 후 불이 일어나 인명피해가 많이 줄었다. 쇼가 끝나자 일부 관람객은 퇴장하고 나머지 관객들은 가수들을 보기 위해 서성거리다 불이 나자 유리창을 박차고 뛰어나왔으나 일부 관객들은 뛰어내리다 목숨을 잃기도 했다. 시민회관 3층 창에 몰려든 10대의 관객들이 유리장을 깨고 구원을 외치고 있다. 위 창문에 걸려 있는 조수아(6) 양은 소방관에 의해 극적으로 구출되어 고려병원에 입원했다 1973년 2월 17일 퇴원했다. 12월 2일. 박태홍 기자

불길 속의 시민회관. 한국문화방송(MBC) 개국 11주년 기념 '10대 가수 청백전'으로 초만원을 이뤘던 시민회관에 쇼가 끝난 하오 8시 27분쯤 불이 일어나 52명이 사망하고 76명이 부상했다. 불은 5와트짜리 전구 270개를 단 고속도로형 무대장식물에 연결된 전선이 퓨즈가 없이 연결되어 여기서 발화되었으며 지하 1층, 지상 10층의 시민회관 본관과 탑 등이 전소돼 3억 5천여만 원의 피해를 냈다. 12월 2일. 송영학 기자

유신헌법 공포. 유신헌법 공포식이 중앙청 중앙홀에서 김종
필 국무총리를 비롯한 국위위원과 고위 공무원들이 참석한
가운데 열렸다. 김 총리는 식사에서 "능률을 극대화하고 국
력을 조직화하여 통일을 향한 자주적 총력체제를 구축하는
생산적 기틀을 마련하는 것"이라고 유신헌법을 설명했다. 12
월 2일. 장희순 기자

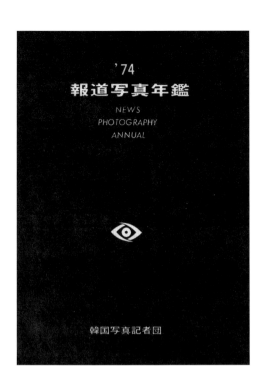

'74
報道写真年鑑
NEWS
PHOTOGRAPHY
ANNUAL

韓国写真記者団

1973

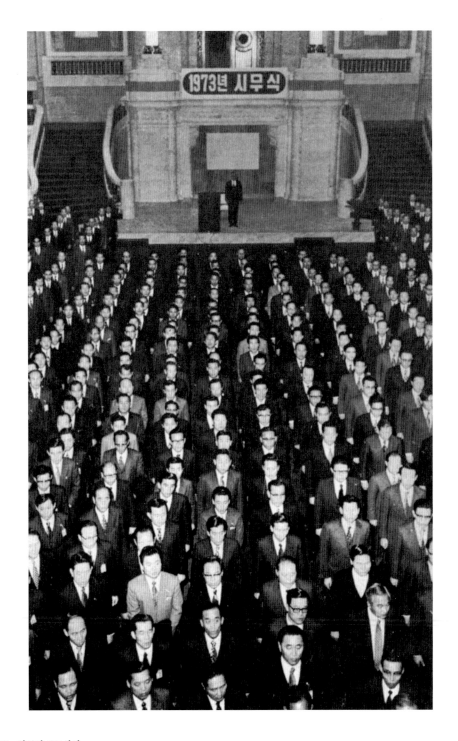

〈 **시무.** 또 한 해가 시작된다. 스산한 찬바람 속에 해는 어제와 또 다른 역사를 굴리면서 다시 떠오르고…. 더욱 새로운 자세가 아쉬운 공복들이 4일 오전 중앙청에서 첫 일손을 잡으면서 옷깃을 여민다. 1월 4일. 김창선 기자

오늘을 사는 공복. "열심히 일했기에 행복하다"라고 말하는 집배원 한장 씨는 24년 동안 우편물 배달만 해온 외곬의 충직한 공무원. 설날 우편행낭과 자전거를 메고 경북 문경군 벽지 개울을 건너는 한씨의 표정은 밝기만 하다. 1월. 정남영 기자

회군. 월남 평화협정이 조인 발효되는 1월 28일 오전 9시(한국 시간)부터 즉각 철수하기 시작한 주월한국군의 일진 선발대가 1월 30일 수원 공군기지로 개선한 것을 시작으로 부산, 대구 등지로 속속 철수했다. 전민조 기자

⟨ **식사의 표준화.** 반찬 종류를 줄이고 식기 대신 공기밥으로 식생활 간소화를 위한 표준식단제가 서울시내에서 전면적으로 실시되어 위반업소에 대해서는 단속을 시작했다. 1월 25일. 이창성 기자

회군. 월남 평화협정이 조인 발효되어 주월 한국군이 철수했다. 사진은 부산항에 입항해 환영을 받는 파월 장병들. 2월. 정광삼 기자

〉**위·아래, 한 표.** 제 9대 국회의원을 뽑는 지역구 총선거가 27일 전국 71개 선거구(무투표 당선 2개구 제외)에서 일제히 실시되어 1선거구서 2명씩 모두 1백 46명(무투표 당선 포함)의 새 국회의원이 뽑혔다. 6년을 겨눈 이번 총선거는 기탁금, 합동연설, 연설시간 제한 등 철저한 공영제로 실시됐다. 2월. 주홍행, 이의택 기자

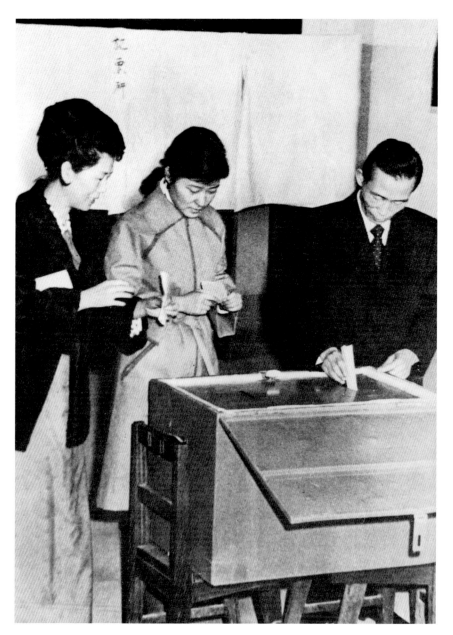

대통령 일가의 한 표. 제9대 국회의원을 뽑는 지역구 총선거가 27일 전국 71개 선거구(무투표 당선 2개구 제외)에서 일제히 실시되었다. 2월 27일. 주홍행 기자

무거운 책가방. 팔뚝이 저리다. 들고 다니는 책
가방이 무겁고 건강을 해쳐 동도중학교 학생들
은 책가방을 짊어지고 등교하는 묘안을 택했다.
3월 16일. 최영호 기자

어디 좀 재 봅시다. 길에 침을 뱉거나 담배꽁초를 버려도 처벌의 대상이 된다. 장발 미니스커트도 단속의 초점. 개정된 경범죄 구속범이 발효된 첫날인 10일 초미니의 아가씨가 경찰에 적발되어 울상을 짓다 훈방되는 등 풍성한 단속에 시민들은 조심조심(명동파출소에서). 3월 10일. 최덕천 기자

〉**세계가, 이 자그마한 손에.** 한국탁구는 드디어 세계를 제패했다. 유고의 사라예보서 열린 32회 세계탁구선수권대회에서 기적의 선수 이에리사를 비롯한 박미라, 정현숙 등 한국선수단은 여자단체전 결승 리그에서 일본, 중국, 헝가리를 꺾고 우승했다. 사상 처음 국제탁구선수권 대회를 제패한 한국 대표단 19명은 23일 자랑스런 코르비용 컵을 안고 개선, 마중 나온 연도의 시민들로부터 열렬한 박수갈채를 받았다. 4월 23일. 구태봉 기자

선수 정현숙

선수 박미라

5019

별들의 재판. 전 수도경비사 사령관 윤필용 소
장 등 장성 3명과 전 육군 범죄수사단장 지성한
대령 등 모두 10명이 업무상 횡령 등 여러 혐의
로 구속 육군보통군법회의에서 최고 징역 15년
에서 최하 1년까지 유죄를 선고받았다. 4월 28
일. 송호창 기자

복음 인파. 빌 그레이엄 한국 전도대회가 오후 7시 45분 서울 여의도 5·16 민족의 광장에서 한국기독교 사상 유례 없는 40만 신도들이 참가한 가운데 막을 열었다. 빌 그레이엄 목사는 이날 45분간 열띤 목소리로 '이 세상에서 가장 위대한 인물'이라는 설교를 했다. 5월 30일. 이을윤 기자

하늘 아래 그 무엇을 비하리. 어머니날이던 5월 8일을 정부가 어버이날로 이름을 바꾸어 조상과 부모와 어른들에 대한 감사, 효도, 존경을 되새기게 했다. 5월 8일. 주홍행 기자

〉 **눈먼 버스의 행선지.** 오후 1시쯤 서울 서대문구 북가좌동 버스 종점에 서 있던 좌석버스가 30도가량의 비탈길 2백여 미터를 굴러 민가로 처박혔다. 집 앞서 놀던 6살 소녀가 압사하고 3명이 부상한 이 사고는 운전사가 자리를 비운 사이 정비공 서용석 씨가 운전하다 일으킨 것. 5월 22일. 이봉섭 기자

현수교. 총 길이 660미터의 우리나라 첫 현수교인 남해대교가 개통됐다. 68년 5월에 착공, 5년 만에 준공된 이 다리로 우리나라 3대 도서의 하나인 남해도가 뭍에 이어졌다. 다리 높이는 25미터. 6월 22일. 김해운 기자

〉 **크렘린 광장에 선 한국인.** 우리나라 사람으로선 처음으로 비자를 얻어 소련에 입국한 연극인 유덕형 씨가 크렘린 광장에 서 있다. 유씨는 국제극예술협회(ITT) 총회에 한국 대표로 참석했다. 6월. 이황 기자

분노. 현금과 보증수표 등 2백만 원을 지닌 박
두석 씨(서울 불광동)가 집 근처 여관에서 의식
이 흐려진 채 동숙 여인의 부축을 받으며 나가
실종된 사건이 발생했다. 경찰 수사 결과 내연
의 다방 마담이 약속한 돈을 주지 않자 부산에
서 수면제를 먹여 죽인 것. 8일 제2현장인 부산
에서 현장검증이 있기 전, 박씨의 여동생 박모
여인이 김상명 여인의 머리채를 휘어잡고 "오
빠를 살려 내라"라고 호통을 치고 있다. 6월 5
일. 구명회 기자

동토에서 돌아오다. 해방 2년 전 43년 5월. 16 살의 나이로 사할린에 징용으로 끌려갔다가 30 년 만에 일본으로 풀려나온 홍만길 씨(충남 강경 출신)가 일시 귀국했다. 이제 칠순이 된 어머니를 부둥켜안고 "불효자식 돌아왔습니다…"라고 목이 메었다. 7월 1일. 김동현 기자

유한마담의 말로. 서울 신설동 민가에서 노름 판을 벌이던 부녀자 40여 명이 집단으로 검거 됐다. 이들은 계를 한다는 핑계로 대낮부터 새 벽까지 커다란 돈주머니가 달린 노름 유니폼까 지 입고 한 달 동안 도박을 일삼았다는 것. 8월 22일. 성윤경 기자

〈 **김대중 씨 자택에.** 71년 7대 대통령 선거 때 신민당의 후보였으며 전 국회의원이었던 김대 중 씨가 8일 오후 일본 동경시내 그랜드 호텔에 서 피랍된 지 만 5일 9시간 만인 13일 밤 10시 20분께 서울 동교동 자택으로 돌아와 그간의 경위를 기자들에게 설명하고 있다. 김대중 씨 사건의 파문은 계속 충격의 후유증을 낳은 파 노라마의 연속. 8월 13일. 김동준 기자

차 없는 날. 명동 거리를 일요일마다 차 없는 휴
일로 정하자, 처음 맞는 서울의 번화가는 어린
이들의 사방놀이가 보이는 등, 2년 반 만에 보
행자들의 천국이 됐다. 9월 16일. 박태홍 기자

지도가 바뀐다. 4대강 유역 개발사업의 하나로 67년 4월에 착공한 동양 최대의 사력댐이자 우리나라 최대 규모의 인공호인 소양강 다목적댐이 6년 6개월 만에 완공됐다. 10월 15일. 김택현 기자

배꼽 룩 명동 상륙. 햇볕이 따사한 어느 날 장발의 배꼽 룩 세 아가씨가 명동에 나타났다. 신원을 알 수 없는 이들의 야들야들한 스웨터 속은 노 브래지어인데다가 짝 붙는 블루진 바지 위 10cm엔 배꼽이 노출. 아슬아슬한 모습에 행인들은 눈이 동그래지고. 10월. 박태홍 기자

〉 **위·아래, 대학가에 소용돌이.** 유신체제 이후 한동안 잠잠했던 캠퍼스에 데모의 소용돌이가 서울대 문리대(2일)를 필두로 한 차례 몰아쳤다. ① 민주체제 확립 ② 학문 및 언론자유 보장 ③ 사회 부조리 현상 제거 ④ 김대중사건 해명 ⑤ 대일 경제예속 지양 ⑥ 관광매춘 중단 등으로 집약된 학생들의 주장은 이대생 4천여 명까지 시위에 가담하게 됐고 급기야 유류파동까지 겹쳐 조기방학을 하기에 이르렀다. 10월 2일. 김택현, 성윤경 기자

월드컵 예선. 뮌헨 월드컵 본선 진출 티켓을 놓고 자웅을 겨룬 한국·호주 축구 2차전, 환호의 선취 2점도 무위로, 끝내 우열을 못 가리고 호랑이는 캥거루에 비기고 말았다. 홍콩에서 가진 결전에서 한국 팀은 1대 0으로 패퇴, 월드컵 진출의 꿈은 깨졌다. 11월 10일. 박성순 기자

연탄 파동. 4일 0시를 기해 석유값 30퍼센트 인상이 있은 후 에너지 소비절약책의 일환으로 9일부터 도시의 연탄 생산과 판매가 제한되었다. 시외 반출이 제한되는 바람에 변두리 지역과 외곽도시에선 품귀 소동에 값도 뛰고, 김해 등지에선 시위까지 있었는가 하면, 부산의 범일동 등 대도시 고지대 영세민들은 유난히도 차가운 날씨에 냉방을 녹이는 구공탄을 얻기 위해 빨래판, 양은 대야 등을 이고 연탄가게에 하루 종일 줄지어 서기도 했다. 12월, 박문두 기자

불타는 판자촌. 서울 동대문구 청계천변
밀집 판자촌에서 불이 나 50여 채를 태우
고 1백여 가구의 이재민을 냈다. 12월 6일.
최덕천 기자

'75
報道写真年鑑
NEWS
PHOTOGRAPHY
ANNUAL

韓国写真記者団

1974

결별. "오늘의 사태는 당원으로서 소신을 밝힐 수 있는 최소한의 자유를 잃은 채 조국의 안위는 백척간두에 서 있다 해도 과언이 아니므로 오랜 자책 끝에 당과 결별하기로…." 공화당 초대 총재와 4대 당의원을 지낸 정구영 옹이 7일 탈당 성명서를 발표했다. 1월. 김종석 기자

〉 **긴급-비상.** 대통령 긴급조치 제1호. 1. 대한민국 헌법을 부정, 반대, 왜곡 또는 비방하는 일절의 행위를 금한다. 2. 대한민국 헌법의 개정 또는 폐지를 주장 발의, 제안 또는 청원하는 일절의 행위를 금한다. 6. 이 조치에 위반한 자와 이 조치를 비방하는 자는 비상군법회의에서 심판, 처단한다. 사진은 비상군법보통회의 현판식. 1월 9일. 한웅 기자

71일 만의 귀국. 신병치료를 이유로 연말 출국했던 전 중앙정보부장 이후락 씨가 중남미 바하마서 요양하고 미국과 홍콩을 들러 출국 71일 만인 27일 저녁 7시 20분 단신으로 귀국했다. 2월. 양영훈 기자

총 들고 가는 곳. 육군 모 부대를 탈영한 황상득
일병(24)이 동대문 동부고속버스터미널에 나타
나 승객을 태운 채 고향인 원주시 단구동까지
차를 몰고 인질 소동을 빚었다. 어머니 유보연
(54) 여사를 앞세우고 마을 어귀에 들어섰으나
태권도 사범에게 잡히고 말았다. 2월. 이영배
기자

텅 빈 택시-콩나물버스. 교통요금이 대폭 인상
되자 얄팍한 서민들의 주머니는 택시를 외면한
채 버스에 몰려 버스는 콩나물시루를 연상케
하는 초만원을 이루고 시내 변두리 택시 정류
장엔 출근 승객을 기다리는 택시 행렬이 장사
진을 이뤘다. 2월. 이창성 기자

문인간첩단 첫 공판. "… 왜 우리 다섯만이 선택되었을까? … 문단 전체를 위하여 어떤 의미의 십자가를 짊어진 셈 치면 그만일지도 모른다…" 김우종의 옥중시「자유의 실감」에서처럼 다섯 문인들이 구속되면서부터 문단에 인 파문은 일파만파로 번져 갔다. 3월 12일. 양영훈 기자

〉**눈에 약한 만원 서울.** '한때 눈발'의 예보가 1시간 반 동안의 꽃샘 소낙눈을 몰고 왔다. 러시아워에 때맞춘 철 늦은 봄눈에 서울은 최악의 교통체증, 그래서 11일 아침은 곳곳에서 지각 사태가 벌어졌다. 3월 11일. 이창성 기자

〈 **걸을 수가 없어요.** 동아고무공업사의 종업원 10여 명이 직업병으로 문제가 된 데 이어 서울 용산구의 영세 가내 신발공장에서 10대 종업원 4명이 유기용제에 중독, 하반신 마비증세를 일으켜 걸음을 제대로 못 걷는 등 직업병이 발생해 사회문제로 부각되었다. 6월. 김영석 기자

배후 두 일본인 송치. 폭력 데모로 노동정권을 수립하려 했다는 민청학련사건에 관련 된 두 일본인 다치카와 마사기(자유기고가)와 하야가와 요시하루(경기대 강사)가 관련 기관에 송치, 비상군사재판에서 유죄를 선고받았다. 6월. 윤명남 기자

정명훈 금의환향. 피아니스트 정명훈 군이 한국인으로서는 처음으로 모스크바에서 열린 차이콥스키 음악제에 참가, 각국 1백여 피아니스트를 물리치고 당당 2위에 입상. 환호의 물결을 서울까지 몰고 왔다. 7월 12일. 이중현 기자

세계를 휘어잡은 주먹 개선. 프로 복싱계의 호프 홍수환이 남아공의 더번에서 거행된 WBA 밴텀급 챔피언 아놀드 테일러와의 타이틀전에서 주무기인 라이트 어퍼컷을 작열시켜 네 번이나 다운을 빼앗은 끝에 심판 전원일치 15회 판정승을 거둬 대망의 세계 정상에 올랐다. 7월 15일. 송호창 기자

마탄의 사수. 광복절 기념식장을 뒤흔든 총성이 귓전에 쟁쟁
하다. 20대 범인 문세광이 휘저어 놓은 회오리는 꼬리에 꼬
리를 물고…. 8월 15일. 임희순 기자

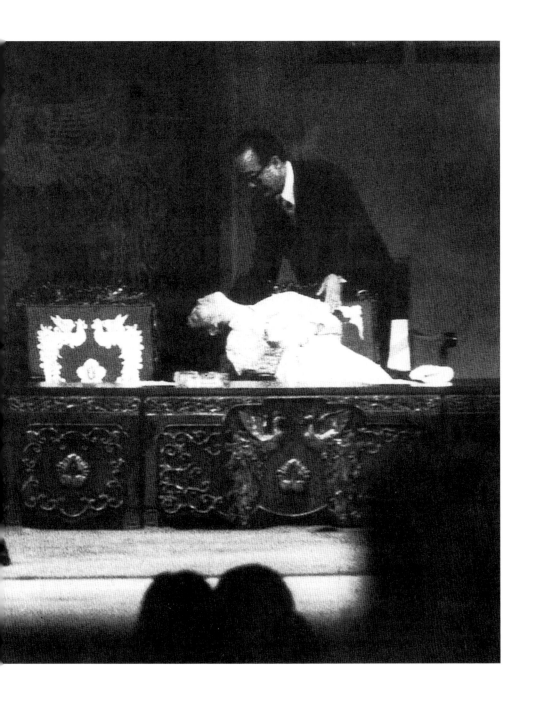

육영수 여사 피살사건

1974년 8월 15일, 박정희 대통령은 광복절 경축행사가 열린 장충동 국립극장에서 연설문을 읽고 있었다. 평화통일의 기반을 조성하기 위해 공산권에 대한 문호개방과 남북한 동시 유엔 가입을 선언하고 불가침조약 등 남북 통일을 위한 3단계 기본원칙을 제의하는 내용이었다. "나는 오늘 이 뜻깊은 자리를 빌려 조국통일은 반드시 평화적인 방법으로 이루어져야 한다는 것을…." 그때 갑자기 '탕!' 하는 총소리가 울렸다. 20대 중반의 한 남자가 연단으로 뛰어나오면서 총을 쏜 것이다. 첫 발은 오발되어 남자의 허벅지를 관통했고, 정면에서 박 대통령을 향해 쏜 두 번째 총탄은 대통령이 뒤로 몸을 연설대를 맞추었다. 단상 뒤쪽에 앉아 있다가 총소리가 나자 총을 뽑아 들고 나온 박종규 경호실장의 권총에서도 범인의 세 번째 총탄과 동시에 불이 뿜어졌지만, 그 총탄에 애꿎은 합창단석의 여학생이 맞아 숨졌다. 이 모든 상황은 단 3~4초 사이에 일어난 일이었다. 김정렴 비서실장이 뒤로 젖혀진 육 여사를 부축하기 위해 다가갔지만, 이미 생명이 위독한 상태였다. 머리에 총상을 입은 육영수 여사는 끝내 이날 저녁 무렵에 사망했다. 범인 문세광은 재일교포 출신으로, 조총련을 통해 북한과 접촉, 박 대통령 암살지령을 받고 일본인 요시이라는 이름의 여권으로 입국했으며, 트랜지스터 라디오 속에 권총을 숨겨 들여왔다. 그는 넉 달 뒤 사형에 처해졌다.

범인 연행. 광복절 기념식장에서 체포된 범인 문세광이 경호원들에 의해 연행되고 있다. 8월 15일. 윤석봉 기자

〈 **마탄의 사수.** 광복절 기념식장을 뒤흔든 총성이 귓전에 쟁쟁하다. 20대 범인 문세광이 휘저어 놓은 회오리는 꼬리에 꼬리를 물고…. 8월 15일. 임희순 기자

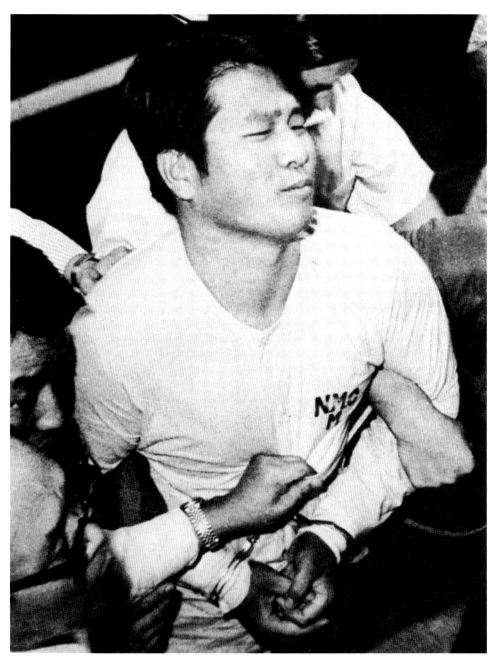

검찰에 송치되는 문세광. 8월 24일. 전민조 기자

〈 **꽃잎.** 경호원이 쏜 총에 맞아 사망한 합창석에 있던 여학생 장봉화 양을 옮기고 있다. 8월 15일. 윤석봉 기자

謹 大統領 令夫人 故 陸英修 女史 國民葬

고 육영수 여사 국민장. 8월 19일. 이영배 기자

테헤란에 태극기 날리고. 영원한 전진을 다짐하는 제7회 아시안게임이 페르샤의 고도, 이란의 테헤란에서 아시아 최대 규모를 자랑하며 25개국이 참가한 가운데 열렸다. 초점을 모은 남북 대결은 여자 배구를 필두로 제압하기 시작했고, 역도 라이트급의 원신희는 일거 3개의 금메달을, 조오련은 아시아의 물개임을 과시했다. 9월. 김천길 기자

위, 〉민주·인권회복을 위한 기도. "…제발 그 일부라는 말이 너무 헤프게 쓰여 신통한 뜻이 없어진 지 오래라는 것을 깨달아 주었으면 좋 겠다. 위정자는 당연히 소위 유신체제의 도전 을 매우 중요시하고 지켜봐야 하겠고 국민의 바람이 무엇인지를 깨달아 고통스런 결단을 내 려야 하는 것이다…."(천주교정의구현사제단 제1시국선언문 중에서). 9월 26일. 전용종, 윤 명남 기자

범행을 되돌려 보며. 8·15저격범 문세광에 대한 반공법(5조 1항 6조 4항), 국가보안법(3조 2항 5조 2항), 특수절도죄(형법331조), 출입국관리법(6조 66조 1호), 총포화약류 단속법(10조 1항 12조 35조, 36조) 내란목적살인죄(형법88조)를 다룬 1, 2, 3심에서 사형이 선고됐다. 결심공판에서 VTR을 응시하는 문은 치기어린 표정을 보이기도 했다. 10월. 양기수 기자

〉 **기적의 탈출.** 10월 17일 새벽 1시 50분경 뉴남산호텔을 덮친 불은 호텔 4, 5, 6, 7층을 휩싸, 잠자던 여인이 알몸으로 뛰쳐나오는 소동을 빚는 끝에 19명의 목숨을 앗아가고 44명에게 중경상을 입혔다. 참사를 빚은 화재 원인은 불량배선에 의한 합선. 이창순 기자

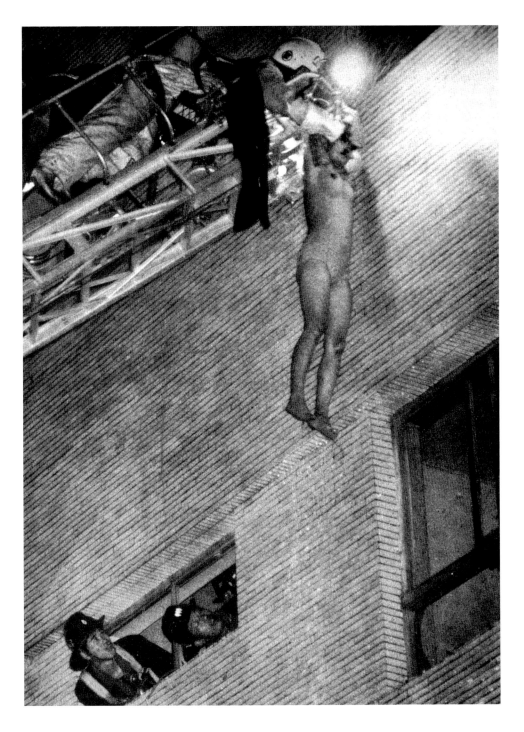

위. 〉연탄 내놔라! 날씨가 쌀쌀해지기 시작하
자 연탄이 말썽을 빚기 시작. 15일엔 서울 변
두리 시흥군 가정주부 5백여 명이 연탄집계를
들고 "서울 사람만 연탄 때란 법 있느냐"며 항
의 소동을 벌이는가 하면 부산에서는 저질 연
탄 못 때겠다는 항의 소동을 벌였다. 10월 15일.
박유선, 김상업 기자

언론의 자유를 달라. 신문·방송·잡지에 대한 어떠한 외부 간섭도 강력히 배제한다. 기관원 출입을 거부한다. 언론인의 불법연행을 거부한다(동아일보 기자들의 10·24 결의사항 중에서). 기자들은 오늘 난국을 타개할 수 있는 길은 자유언론뿐이며 언론의 자유는 언론인 스스로 찾아야 할 과제임을 선언했다. 10월 24일. 김순경 기자

맹방의 정상대담. 현직 미국 대통령으로는 두
번째로 제럴드 포드 제28대 미대통령이 대대적
인 환영 속에 서울에 왔다. 세계의 국무장관이
라는 키신저 장관을 대동, 두 차례의 정상회담
을 갖는 등 23시간여의 짧은 방한 스케줄을 마
치고 다음 방문지인 블라디보스토크로 떠났다.
11월 22일. 송호창 기자

환영. 제럴드 포드 제28대 미대통령이 서울시
민의 환영을 받으며 카퍼레이드를 펼치고 있다.
11월 22일. 이의택 기자

민주회복 국민선언. 윤보선, 유진오, 이희승, 김영삼, 함석헌, 천관우 씨 등 재야 각계 대표 71명이 27일 오전 기독교회관에 모여 "반정부는 반국가가 아니다. 헌법은 주권자인 국민에게 민주체제를 보장하는 기본법이어야 한다"는 등 6개항을 결의하고 민주회복을 위한 국민선언을 했다. 11월 27일. 윤석봉 기자

구속자 석방하라. 구속자 가족 30여 명이 "내
아들, 내 남편, 정치 제물 삼지 말라. 나라사랑
이 무슨 죄냐"라고 적힌 플래카드를 앞세우고
명동성당부터 종로3가 지하철 입구까지 가두시
위를 벌였다. 11월. 남기재 기자

개헌추진본부 현판식. 신민당은 중앙당사에서
개헌추진 현판식을 갖고 원외활동에 들어갔다.
11월 19일. 성윤경 기자

〉**위-아래, 땅굴의 정체.** 휴전선 고랑포 북방
DMZ 내에서 북한이 기습용으로 파 놓은 땅굴
이 발견돼 또 한 번 침략의 야욕을 드러냈다. 제
356차 군사정전위에서 UN군측 공동조사 제의
를 거부하며 북한측은 예외 없이 정치적 모략
극이라고 생떼를 부렸다. 11월. 양기수, 이종기
기자

자유 만세! 안양교도소에서 수감됐던 전 신민당 국회의원 조윤형, 김상현, 조연하 씨 등 세 사람이 수감 2년 만인 9일 오전 김영삼 신민당 총재 등의 환영을 받으며 풀려났다. 12월 9일. 김순경 기자

〈 **소동도 가지가지.** 오후 해 질 무렵 세상이 싫다는 탈선 목공이 톱 한 자루를 들고 한강 인도교 빔 위에 올라 죽어 버리겠다고 위협, 1시간 45분이나 소동을 피우는 바람에 퇴근길 대혼잡을 빚었다. 11월 8일. 정남영 기자

월동 전장. 언제부턴가 겨울마다 찾아오는 연탄 전쟁은 서민들의 생활을 움츠리게 만든다. 눈이 오거나 날이 차가우면 더욱 필요성이 절감되는 검은 불씨는 언제쯤 서민의 마음을 녹여 줄 것인지. 12월. 나경택 기자

〈 **오글 목사에 추방령.** 미국인 감리교 선교사 조지 오글(45, 한국명 오명걸) 씨가 입국 목적 외 정치활동을 하는 등 출입국관리법 31조 3호와 22조 2항을 위반한 혐의로 12월 14일 강제 출국명령을 받고, 서울에 남아 있을 두 딸을 다독거려 주고 있다. 윤석봉 기자

〉 **줄 타고 갔다 스키 타고 온다.** 강원도 평창군 내 용평스키장에 국내에서는 처음으로 리프트 시설이 세워져 스키계의 숙원을 풀게 됐다. 1킬로미터짜리와 5백 미터 등 두 개의 리프트 외에 인공제설기까지 갖춰 국제 규모라고. 12월. 정범태 기자

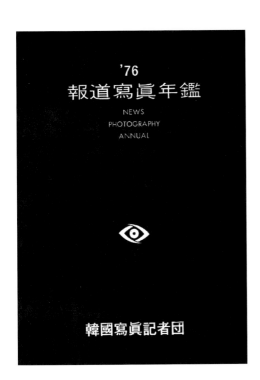

'76
報道寫眞年鑑
NEWS
PHOTOGRAPHY
ANNUAL

韓國寫眞記者団

1975

동숭동 50년을 뒤로. 관악 캠퍼스행 서울대학
이사가 20일부터 시작. 총물량 2만 톤 중 중앙
도서관장서 14만 권을 실은 첫 트럭이 '정의의
종' 앞을 지나 동숭동 교문을 나서자 수많은 교
직원·학생·인근 주민들이 아쉬운 작별을 고했
다. 1월. 김동현 기자

〈 **관악에 안긴 매머드 캠퍼스.** 서울대학교가 관
악 캠퍼스로 옮겨 앉았다. 관악산을 병풍처럼
두른 6백 21만 평의 대지 위는 웅장한 산세와
조화를 이룬 24동의 4층 건물이 들어섰다. 1월.
이영배 기자

〉 **파리의 하늘로.** 서울−파리 직항로가 열렸다.
개설 기념식이 있은 뒤 이날 하오 9시 승객 270
명을 태운 DC10 여객기가 처녀 취항길에 올랐
다. 3월 14일. 박강남 기자

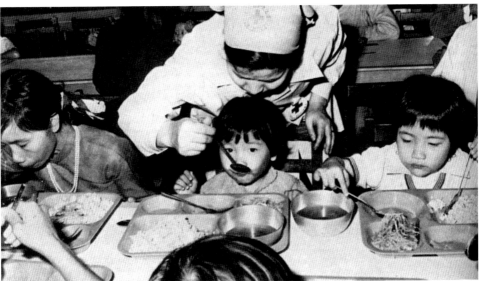

〈 **향학의 장사진.** 대학교의 휴강으로 도서관은 초만원. 열람권을 얻기 위해 각급 학생들은 이른 아침부터 도서관 앞에 장사진을 이루며 차례를 기다렸다. 4월. 이봉섭 기자

위, 까몽! 따이한. '자유의 땅' 한국에 상륙한 월남 피난민들은 "까몽! 따이한." 한국인의 온정에 뜨거운 감사를 하며 구 부산여고 자리에 마련된 임시구호소에 직행, 평화의 첫밤을 보냈다. **아래, 국경 없는 '사랑의 봉사'.** 적십자 부녀회원들이 월남 난민 임시구호소 어린이들에게 음식을 먹여 주면서 인류애를 실천했다. 5월. 김상업 기자

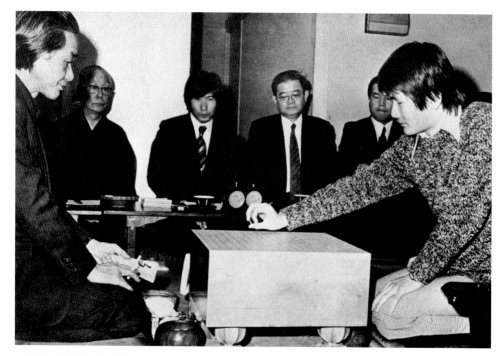

브라보! 조치훈. 천재 소년기사 조치훈 군은 제
12회 프로바둑 10걸전 5번 승부 제3국에서 일
본의 가또(加藤正夫) 8단을 불계승으로 누르고,
3연승, 대망의 타이틀을 차지했다. 도일 12년
만에 일본 바둑계의 정상을 차지한 18세 조군
은 이로써 5대 타이틀 사상 최연소 보유자가 되
었다. 5월. 합동통신

〉 **축제 끝은 고생길.** 춘향제가 끝난 18일 하오
남원역 열차는 콩나물시루 같은 초만원. 차창
에 매달려 할아버지의 부축을 받으면서 귀가에
안간힘 쓰는 할머니 모습에서는 축제의 환희를
찾아볼 길 없다. 5월. 이승봉 기자

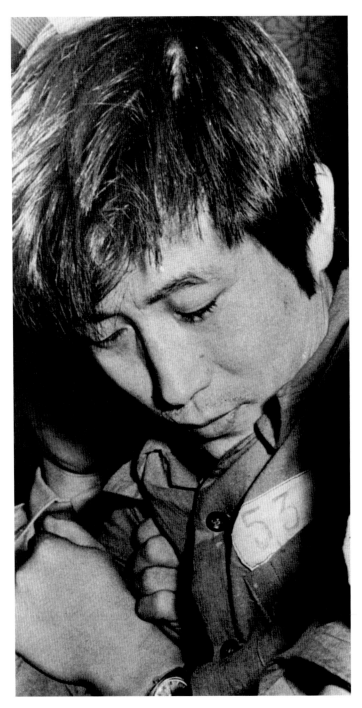

한국판 플레이보이 박동명. 거액의 외화를 도피시킨 혐의로 구속된 태광실업 대표 박동명 씨. 연예계 여성을 상대로 벌인 그의 무분별한 엽색 행각은 '외제 핸드백' '처녀물품대' '명단녀' 등 희한한 신어를 유행시켰고, 그의 호화 아파트와 고급 외제 승용차, 플레이보이 클럽 기념사진 등은 퇴폐적 사치의 극단을 보여줬다. 6월. 성윤경 기자

자조·협동의 길. 서울 잠원동과 서초동을 잇는 간선도로 개설 공사. 이 작업은 영세민 남녀 5백여 명이 투입돼서 새마을 건설과 생계 지원의 이중 효과를 얻었다. 6월. 홍성혁 기자

철권을 하늘 높이. WBA 세계주니어미들급 챔피언 유제두 선수가 대한항공 편으로 귀국, 카퍼레이드 중 환영 나온 인파를 향해 두 손을 번쩍 들어 자랑스럽게 답례했다. 6월. 이중현 기자

6·25동이들의 행군. 6·25 때 태어난 625명의 청년들이 6·25를 맞아 "김일성을 때려잡자"는 구호를 가슴에 달고 서울−파주 간 40킬로미터를 도보로 행군, 동란의 비극을 되새기며 조국 수호의 결의를 다졌다. 6월 25일. 최종현 기자

가봉 공화국 대통령 내한. 공항 환영식에서 국기에 대한 경례를 하고 있다. 왼쪽으로부터 근혜 양, 봉고 대통령, 박 대통령, 봉고 여사. 7월 5일. 양영훈 기자

BIENVENUE EN COREE
AU PRESIDENT DE LA REPUBLIQUE
GABONAISE ET A MME. BONGO

가봉 공화국 대통령 내한. 박정희 대통령의 초
청으로 아프리카의 가봉 공화국 엘하지 오마르
봉고 대통령이 내한. 7월 5일. 이용선 기자

여배우와 음악가의 심야 데이트. "윤정희와는
결혼 약속이 없다"라고 기자회견에서 부인했던
피아니스트 백건우 씨가 발언 10시간 만에 윤
정희 양과 승용차로 드라이브를 하면서 심야의
밀회를 즐겼다. 8월 8일. 문영웅 기자

아들·딸을 보호하자. 불안한 모정. 8일 동안에 다섯 군데서 연달아 어린이 유괴사건이 일어나자 자녀를 가진 부모들이 거리에 나섰다. "내 아들 딸을 보호하자"라고 쓴 피켓을 들고…. 8월 27일. 장홍근 기자

〉 **비닐하우스가 아닙니다.** 올나잇을 하는 심야 고고클럽들이 말썽을 빚자 서울 종로통 뒷골목에는 '초저녁 고고클럽'이 등장했다. 이런 업소에는 초저녁부터 청소년 고고광들이 몰려 심야보다 더한 광태를 보이는데…. 8월. 양원방 기자

〈 **끝내 터진 울음바다.** 장충동 중앙국립극장은 울음바다로 변했다. 반세기 만에 조국 땅, 따뜻한 동포의 품에 안긴 조총련계 재일 동포. 그들을 맞은 서울 시민들의 환영대회에서 속아서 살아온 데 대한 회한과 자랑스러운 조국을 되찾은 데 대한 감격으로 580여 동포들이 눈물을 감추지 못했었다. 9월 25일. 이대행 기자

가슴 뭉클한 감회의 시구. 서울 장충체육관에서 열린 제5회 '육영수 여사 컵 쟁탈' 전국 어머니 배구대회에서 시구하는 박근혜 양. 생전의 어머니 자태를 연상케 한 그녀의 포즈에 관중들은 가슴 뭉클한 감회를 느끼기도…. 9월 25일. 김종석 기자

17명 목숨 앗은 한 목숨의 얼굴. 17명의 목숨을
앗은 희대의 살인마 김대두(26). 그는 주민들의
저주와 욕설이 빗발치는 가운데 뻔뻔한 모습으
로 끔찍한 범행을 재연해 보였다. 전남 광산군
임곡면에서. 10월 10일. 이창순 기자

〉**개통된 영동·동해 고속도로.** 태백 준령을 누
빈 2차선 129킬로미터의 '영동·동해 고속도로'.
착공 18개월 만에 개통된 이 공시로 8시간 30분
이 걸리던 '서울—강릉' 간은 3시간 30분의 지척
으로 가까워졌다. 10월 14일. 박성순 기자

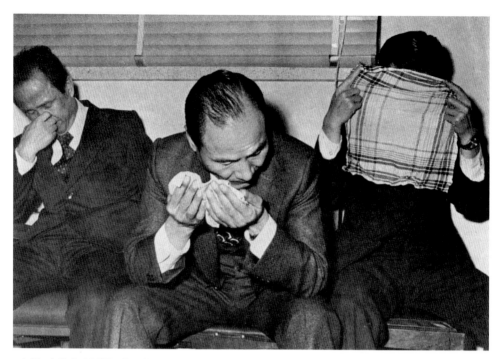

이권을 판 부정 공무원들. 면목 잃은 부정 공무원들. 5백만 원의 뇌물을 받고 영동지구에 화물 트럭 터미널 설치를 허가해 주려 했던 서울시 운수국장, 운수2과장, 영동전화국장 등은 "야옹!"이라도 할 듯이 얼굴 가리기에 바빴다. 10월 31일. 전민조 기자

방청객보다 많은 여수 밀수 관련범. 170명이 구속되고 120여 명이 수배를 당했던 여수 지역 조직밀수 사건의 첫 공판정. 밀수범들의 배후에는 굵직굵직한 공무원들이 관련됐던 것으로 밝혀져 더욱 국민들의 분노를 샀다. 11월. 김한수 기자

〉**김대두에 극형 선고.** "… 자기 목숨이 중요하면 남의 목숨도 귀중한 줄 알아야 하는데 피고인은 엄청난 범행을 저지른 후에도 전혀 참회하는 빛이 없으므로 극형에 처한다"라는 판사의 선고가 있자 살인마 김대두는 체념한 듯 고개를 푹 떨궜다. 11월 27일. 이창성 기자

암모니아 냉동가스 폭발. 상오 9시경 부산에 있는 오양냉장 공장의 냉동 가스 장치의 파열로 작업 중이던 여공 6명이 질식하여 사망하고 80여 명이 입원하는 참화를 빚었다. 소방대원들이 질식한 공원들을 구출해 내고 있다. 12월 1일. 김상업 기자

철 이른 얼음꽃. 최저 영하 8도의 날씨에 한강을 가로지르는 상수도 송수관 파이프가 파열됐다. 이 덕분(?)에 쏟아진 물보라로 일대는 철 이른 얼음꽃이 만발, 한때나마 장관을 이루었다. 12월. 성윤경 기자

여자 농구 사상 초대형 신인. 당년 16세. 숭의여고 1학
년인 박찬숙 양이 제13회 한국 최우수 신인체육상을 받
았다. 박 양은 한국 여자 농구 사상 최장신인 190센티미
터의 초대형 신장에 기민한 두뇌 플레이어로 장래가 크
게 촉망된다. 12월 18일. 김성배 기자

호국선봉 다짐한 승군단 발단. 국가 유사시 호
국의 선봉에 섰던 호국법통을 이어받아 불법을
통한 호국안보에 이바지하기 위해 승려 신자 등
1만여 명으로 결단된 대한불교조계종 호국승군
단 발단식이 조계사에서 열렸다. 12월 17일. 박
태홍 기자

'77

報道寫眞年鑑

NEWS
PHOTOGRAPHY
ANNUAL

韓國寫眞記者団

1976

화동 75년… 마지막 졸업식. 개교 75년간 준재를 낳은 명문 경기고가 서울 종로구 화동 유서 깊은 교사에서 영동으로 이전했다. 1976년 1월 10일 제72회 졸업식을 마친 졸업생들의 헹가래가 펼쳐지고 있다. 개교 이래 1만8천여 명이 졸업했다. 성윤경 기자

걸스카우트 명예총재. 1월, 한국걸스카우트연맹 명예총재로 추대된 박정희 대통령 영애 근혜 양이 당원들과 간부진의 영접을 받으며 추대식에 입장하고 있다. 유남희 기자

〈 **이래야만 되나….** 고교 졸업−방종−탈선의 등식은 학교에서 배운 수학은 아니다. 1월 8일부터 시작된 각급 학교 졸업식 후 전국 곳곳에서 벌어지는 이 같은 추태는 누구의 책임인가. 전민조 기자

〉 **종합소득세 신고 전야.** 2월 처음 실시된 종합소득세 신고로, 각급 세무서는 시장터같이 대혼잡을 이루었다. 전민조 기자

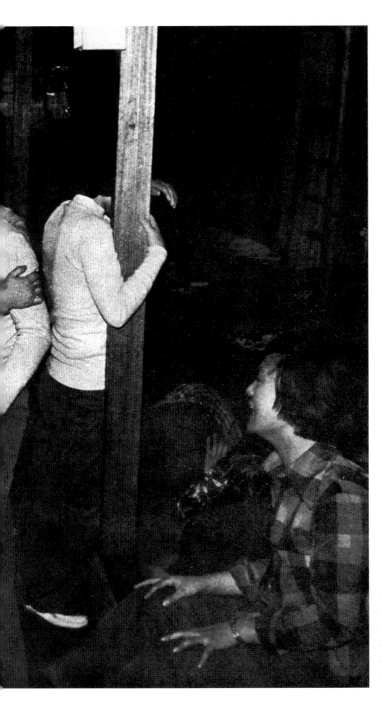

정말 이럴 수가… 인권을 달라.
서울 도봉구 쌍문동 새한버스
회사의 안내양들이 기숙사에서
부당해고와 혹사 등을 항의하
는 인권 농성을 벌이며 울부짖
고 있다. 4월. 이경재 기자

무더위가 죄런가. 불쾌지수 80의 무더운 날씨 속에 서울 종로구 창신동 2층 빌딩에서 전과자인 노모 씨가 사회 냉대에 항의하며 자살소동을 벌이다 출동한 경찰에 붙잡혔다. 6월. 정재두 기자

〈 **갓 쓴 링의 왕자.** '나비처럼 날아 벌처럼 쏜다'는 WBA 헤비급 챔피언 무하마드 알리. MBC TV를 방문, 갓 쓰고 춤을 추고 있다. 6월. 이용선 기자

기어코 해냈구나. 여자 배구 3·4위 결정전에서 헝가리를 물리치고 동메달을 확보한 선수들이 경기가 끝나자 기쁨의 포옹을 하고 있다. 왼쪽이 조혜정(12번)과 백명희 선수, 오른쪽이 이순복(1번), 변경자, 유정혜 선수. 7월 몬트리올. 최청민, 최해명 특파원

개선하는 금메달리스트. 금메달을 획득, 캐나다 하늘에 태극기를 날린 양정모 선수가 개선하여 환영하는 군중들에게 손을 흔들어 답례하고 있다. 8월. 이봉섭 기자

목 타는 대지. 계속된 가뭄으로 논바닥은 물론
저수지 바닥까지 거북등처럼 갈라졌다. 7월. 나
경택 기자

접촉. 미루나무 가지치기 현장에 도착한 북한
군들이 시비를 걸기 시작했다. 8월 18월. UNIC
사진

판문점 도끼만행사건

1976년 8월 18일 오전 10시 45분쯤 판문점 공동경비구역 '돌아오지 않는 다리' 남쪽 유엔군측 제
3초소 앞에서 미군 장교 2명과 사병 4명, 한국군 장교 1명 사병 4명으로 이루어진 11명의 장병이
한국인 노무자들의 미루나무 가지치기 절단 작업을 호위하던 중 2명의 북한군 장교와 수십 명
의 사병이 나타나서 가지치기 작업을 중단할 것을 요구했다. 그래도 UN측이 이를 무시하고 작
업을 계속하자 자동차로 증원된 북한군 30여 명이 미리 준비한 도끼와 쇠망치를 휘둘러 2명의
미군 장교를 살해했다. 유엔군은 박대통령과 한국군 수뇌부와 협의 끝에 문제의 미루나무를 8
월 21일 오전 7시에 잘라 버리기로 했다. 미군은 만일 이 과정에서 북한군이 대응해 올 경우 개
성과 연백평야까지 국지전 계획을 세워 놓고 미루나무 절단작전을 끝마쳤다. 1976년 8월 21일
군사정전위에서 북한측 수석대표가 판문점 도끼만행사건 관련 북한 인민군 최고사령관이 유
엔군사령관에게 보내는 유감 메시지 구두전달로 이 사건은 마무리되었다.

살육. 미루나무 가지치기 현장에 도착한 북한
군들이 도끼를 빼앗아 살육 만행을 벌이기 시
작했다. 8월 18월. UNIC 사진

숨 막히는 공동경비구역. 판문점 공동경비구역에서 미군 장교를 습격 살해한 북한의 8·18 도끼살인사건 후 19일에 열린 경비장교회의에서 긴장된 순간. 윤명남 기자

아래, **적반하장도 이쯤이면….** 판문점 공동경비구역에서 우리 노무자들의 도끼를 뺏어 미군 장교 2명을 살해한 북한들이 도리어 유엔군측에 도끼를 제시하며 유엔군측이 이 도끼로 난동을 부렸다고 생떼를 부렸다. 8월 19일. 윤명남 기자

〉 **"취직시켜 달라." 투신 소동.** 전과 7범의 30대 청년이 사회의 냉대로 취직을 못하자 제1한강교 3번째 빔(높이 20미터) 위에 올라가 투신자살극을 벌여 저녁 귀갓길의 교통을 1시간 40분 동안이나 마비시켰다. 이 청년은 경찰의 설득으로 내려와 즉심에 넘겨졌다. 8월. 김용일 기자

어처구니없는 '폭삭'. 덤프 트럭에 교각이 받혀 무너진 서울 용산구 남영동 육교. 통금시간 중의 사고로 다행히 인명피해는 없었다. 8월. 송호창 기자

가정교사가 아닙니다. 학생 2명에 선생님 1명. 경남 통영군 욕지면 욕지초등학교 비상도 분교. 전국 최소의 이 학교는 도교육청에서 폐쇄하기로 결정했다.

< **부산에서 신의주까지.** 한반도의 평화통일을 위한 부산-신의주 간 도보행진을 부르짖으며 재일조선민주화촉진연맹 대표 10명이 사전답사를 위해 서울에 들어왔으나 북한의 무반응으로 허사로 끝났다.

추석 귀성 우산 행렬. 야간열차를 타기 위해 서울 용산역 광장에 몰린 추석 귀성객들이 빗속에 우산을 받쳐 들고 조상의 성묘를 위해 초조히 열차를 기다리고 있다. 9월. 권주훈 기자

〉 **종료 3분 전 수훈골.** 박정희 대통령컵 국제축구대회에서 브라질에 선취점을 빼앗긴 한국 화랑팀은 경기종료 3분 전 차범근의 수훈골로 극적으로 비기고 본선에 진출했다. 9월. 민경원 기자

〈 **이국 양부모를 찾아서.** 시회의 냉대를 받던 미검아 8명
이 미국의 양부모를 찾아 출국길에 오르고 있다. 미감아
들이 입양되어 외국으로 떠나는 것은 이번이 처음이다. 10
월. 이황 기자

김격의 세계타이틀 쟁취. 프로권두 WBC 슈퍼 밴딤급 타
이틀 시합에서 선수권자인 일본의 고바야시를 강타하고
빠져나오는 두뇌플레이로 세계챔피언이 된 염동균 선수가
펀치를 날리고 있다. 전 챔피언인 리야스코에게 경기에 이
기고 판정에 진 불운을 극복한 집념의 승리였다. 11월 25
일. 양영훈 기자

초만원 서울…. 러시아워 장사진. 아침 출근시
간이면 버스를 타기 위해 장사진을 이루는 서
울시민들. 교통지옥이 언제 풀릴는지 시민들은
당국의 대책을 바라고 있다. 서울 잠실 종점에
서 버스를 기다리는 시민들. 12월. 전민조 기자

'78
報道寫眞年鑑

NEWS
PHOTOGRAPHY
ANNUAL

韓國寫眞記者団

1977

9부 경제장관 공동회견. 물가상승율 10퍼센트 억제 등 77
년도 경제시책을 발표하는 9부 경제장관 공동회견. 1월 15
일. 김동준 기자

〉 **5살 어린이 맹견에 즉사.** 서울 서대문구 북아현1동 574
주택가 골목에서 김옥정 씨(54)가 기르던 1년 11개월짜리
토종견이 이웃 백광현 씨(29)의 장남 영호 군(5)을 물어뜯
어 숨지게 했다. 살인견은 그 뒤 경찰에 의해 사살됐다. 1
월 8일. 김용일 기자

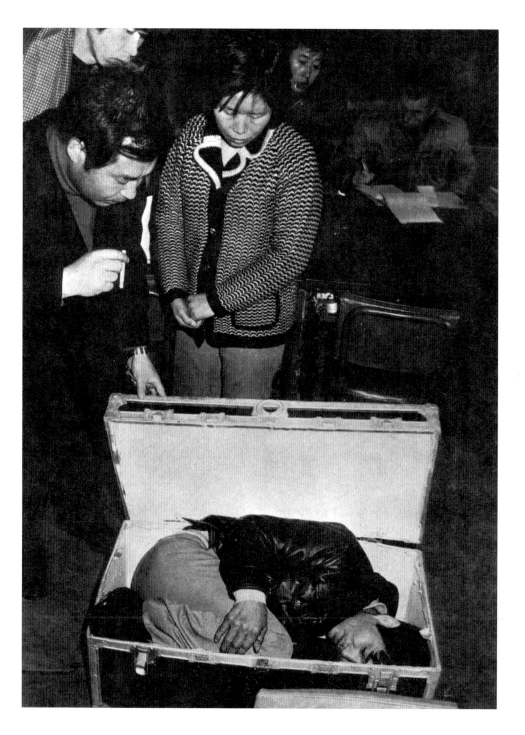

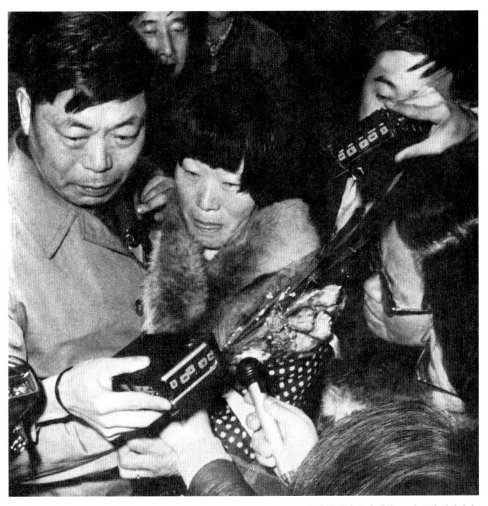

37년 만에 부녀 극적 상봉. 37년 동안 사할린과 시베리아에 억류됐던 한국 동포 장전두(57, 제주) 씨가 주일대사관 배려로 구정성묘단과 함께 김포공항에 도착, 딸 미자 씨와 극적 상봉을 했나. 2월 14일. 왕종선 기사

〈 **고속버스 송금 턴 인간 트렁크.** 전직 운전사·차장인 이봉안(58), 구영숙(39) 부부가 트렁크 화물로 가장, 고속버스 회사 송금액 210만 원을 털어 달아났다가 부산 동부서 형사대에 잡혔다. 1월 30일. 정광삼 기자

굶주림 때문에 귀순한 북한군. 휴전선을 넘어 자유대한의 품에 안긴 귀순용사 이양모(18) 군이 제일 큰 고통은 배고 픔이었다고 강조하면서 밥을 훔쳐 먹을 때 썼던 밥통을 들어 보였다. 2월 17일. 황종건 기자

〉 **역 광장 메운 구정 귀성객 예매 인파.** 구정을 6일 앞두고 기차표 예매가 시작되자 서울역엔 새벽부터 예매 인파로 메워져 큰 혼잡을 빚었다. 밀리는 인파 속에 여인이 넘어 져 부상을 입기도. 2월 12일. 김택현 기자

〈 **55년 만에 문 닫은 수송국교.** 개교 55돌 만에 문을 닫는 수송국교. 마지막 졸업식도 못 치르고 학교를 떠나는 6학년생들이 울음을 터뜨리고 있다. 2월 23일. 양영훈 기자

법정에 선 남정임·노승주. 영화배우 남정임 양과 애인 노승주가 세상을 속이려고 했던 연극도 허사, 치정 및 폭행 사건으로 법의 심판을 받고 있다. 3월 23일. 이승봉 기자

전위예술가의 이색 결혼. 자신들의 결혼을 작품 주제로 한 젊은 전위예술가 한 쌍이 하객들이 지켜보는 가운데 한국 최초(?) 키스신까지 곁들인 결혼 해프닝을 벌여 하객들의 시선을 집중시켰다. 4월 4일. 박상원 기자

〈 **무등산 타잔, 현장검증.** 광주 무등산 속칭 무당촌 무허가 건물 철거에 앙심. 철거반 4명을 살해한 박정열(21)을 서울서 검거, 현장검증을 하고 있다. 4월 27일. 김한수 기자

기독교도 '철군(撤軍)' 반대 시위. 기독교도 3
천여 명이 서울 무교동에서 정동까지 미군철수
반대 가두시위를 벌이고 있다. 5월 26일. 윤대
섭 기자

〉 **구로공단 섬유공장에 불.** 서울 구로공단 성
화섬유공장에서 불이 일어나 창고에 있던 카펫
등을 태우고 1시간 만에 꺼졌다. 5월 31일. 김
동준 기자

일본 독서신문 서울지국 폐쇄. 정부는 일본 독서신문이 동사 편집국장 이사토(爲鄕恒淳)의 평양 발언, 사고 해명불응에 대한 강경조치로 동사 서울지국을 폐쇄하고 서울 특파원은 최단 시일 내 출국토록 요구하는 한편, 동 신문의 국내 배포를 금지시켰다. 5월 4일. 이광태 기자
〉 **위, 흙탕물로 얼룩진 매스게임.** 서울운동장에서 펼쳐진 제6회 전국소년체육대회. 초여름의 가랑비로 흥건히 젖은 그라운드서 서울수유국민학교 학생들의 매스게임, '우리의 소원'. 흙탕물에 얼룩진 엉덩이가 천진스럽기만 하다. 6월 1일. 강한구 기자
아래, 선거 입후보자 16명의 얼굴. 서울 종로·중구 국회의원 선거에 출마한 16명의 입후보자 얼굴이 선거구민들에게 첫선을 보였다. 유권자들이 한 표를 마음에 새기며 열심히 선거벽보를 읽고 있다. 6월 2일. 이용선 기자

출근길도 나룻배로. 안양천이 억수 같은 비에 범람한 뒤 시
흥군 서면교가 끊겨 주민들은 50원씩 주고 배를 타고 건너야
했다. 7월 13일. 이창성 기자

돌아온 미 헬기 승무원. 동부전선 비무장지대
서 미군헬기 1대가 북한 포화에 맞고 13일 추
락. 승무원 4명 중 3명은 사망했다. 부상한 1명
(글렌 M 슈앙케 준위)은 북한 억류 56시간 만에
유엔군측에 인도했다. 슈앙케 준위(가운데)가
판문점에서 되돌아오고 있다. 7월 18일. 윤명남
기자

만원이냐 냉대냐… 의료보험. 복지사회를 향한 한 걸음으로 1일부터 실시된 의료보험제도는 병원 문턱이 높았던 시민들에겐 낭보임에 틀림없었으나 일부 병원에선 의료보험 환자들을 푸대접하는 횡포를 부리기도 했다. 7월 19일. 양영훈 기자

〈 **완행열차 추돌.** 경부선 지탄역 구내 하행선에서 특급 통일호가 완행열차에 추돌. 18명이 죽고 152명이 다치는 대참사가 일어났다. 기관사가 졸며 운행하다 빚은 과실. 7월 24일. 홍성혁 기자

무슨 얘기가 오갔을까? 미국으로 가기 전 김포 공항 귀빈실 모퉁이에서 밀담을 주고받는 박동 진 외무장관(오른쪽)과 스나이더 주한 미대사. 9월 14일. 양원방 기자

〈 **말문 연 박동선 씨.** 한국 로비 활동과 관련, 미국에서 물의를 빚고 귀국한 박동선 씨가 기 자회견을 갖고 "미 의회 조사엔 응할 수 없다" 라고 말했다. 8월 24일. 이중현 기자

북한 납치극 미수시킨 주인공들. 8월 29일 유
고의 자그레브 공항에서 북한요원에 의해 납
치 중 극적으로 탈출한 피아니스트 백건우 씨
가 앞서 귀국한 부인 윤정희 씨의 마중을 받으
며 딸 진희 양을 안고 김포공항을 나서고 있다.
9월 6일. 박복선 기자

〉 **번지는 자연보호운동.** 박정희 대통령의 제창
으로 일기 시작한 자연보호운동은 국민들의 절
대적인 호응을 얻어 직장단체 등서 산악정화,
휴지 줍기 등 캠페인을 벌였다. 관악산, 10월
30일. 신강철 기자

산산조각난 창인동 주택가. 폭풍에 휩쓸려 산산조각이 난 이리 창인동 일대. 집터를 뒤지며 사상자 여부를 다시 확인하고 있는 구호반 뒤 통겨진 열차의 잔해에선 아직도 연기가 뿜어 오르고 있다. 11월 12일. 이영배 기자

〈 **이리 참화의 '분화구'.** 11월 11일 밤 9시 20분께 전북 이리역 구내에 서 있던 폭약화차에서 22톤의 다이너마이트와 초연 폭약 등이 터져 56명이 숨지고, 1천3백여 명이 중경상을 당했으며 9천5백여 동의 건물이 파괴된 대참사의 현장. 화차가 서 있던 4번선 일대는 지름 30미터 깊이 20여 미터의 폭심이 분화구처럼 패여 있다. 민영식 기자

범인 신무일과 현장검증. 이리역을 폐허로 만든 폭발사고의 범인 신무일(36, 한국화약 호송원). 그는 그날 술을 먹고 열차에 돌아와 철사로 만든 촛대에 양초를 세우고 성냥을 켜 붙이는 그날의 행적을 현장검증 때 낱낱이 재현했다. 11월 17일. 이기룡 기자

〉 **장성탄광에 불….** 강원도 장성탄광 갱내에서 불이 나 광부 수십 명이 죽고 다치는 대참사가 일어났다. 더욱이 주먹구구식의 구조작업으로 구조대원이 갱내에 가득 찬 가스에 질식사하는 2중사고가 발생해 안전사고에 대한 새로운 경각심을 불러일으켰다. 11월 17일. 이중현 기자

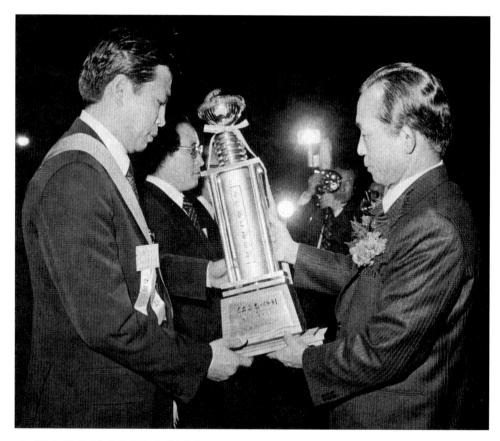

박 대통령, 6억 불 수출의 탑 수여. 박 대통령이 '1백억 불 수출의 날' 기념식에서 정희영 현대 조선 사장에게 '6억 불 수출의 탑'을 수여하고 있다. 12월 22일. 김세권 기자

〉 **수출 1백억 불 드디어 달성.** 온 국민의 염원이 던 1백억 불 수출이 마침내 달성됐다. 서울 장충체육관에서 벌어진 기념식에서 박정희 대통령은 치사를 통해 1백억 불 수출이야말로 "우리 겨레의 무한한 저력과 가능성을 과시했다는 점에서 더 큰 의의의 보람을 느낀다"라고 말했다. 12월 22일. 이창성 기자

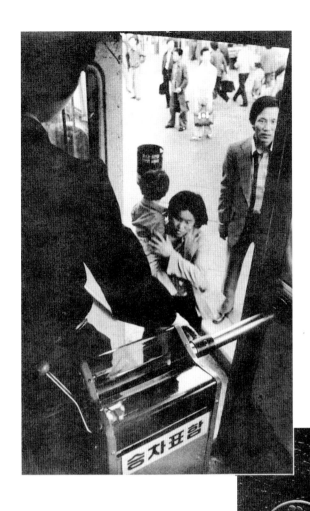

버스 토큰제 첫 시행. 버스요금 인상과 함께 서울서 처음 실시된 토큰제 첫날. 말썽 많은 삥땅 방지와 승·하차 때의 시간 단축을 들어 실시된 토큰제는 현금 사용시 할증료 10원을 더 내야 하는 등 문제점도 계속 남겼다. 아래 사진은 서울서 첫선을 보인 학생용과 일반용 토큰. 10월 16일. 이병훈 기자

〈**14년 만에 쌀막걸리 그 맛을…**〉. 애주가들의 환호 속에 14년 만에 나온 쌀막걸리. 양조장 인수가격이 20리터 1,533원, 소비자 가격 2천 원. 출하 전날 매진사례. 12월 7일. 이창성 기자

박 대통령 이리 이재민촌 시찰. 박정희 대통령
이 이리 이재민촌을 예고 없이 방문, 복구상황
을 시찰하고 있다. 12월 9일. 김세권 기자

〉 **방한복 선물 받은 안내양들.** 대통령의 하사품
인 방한복을 입고 버스 안내양들이 즐거워하고
있다. 추위와 박봉에 떠는 이들에게 따뜻한 겨
울이 되도록 배려한 대통령의 선물은 성탄절을
앞둔 안내양들에겐 더없이 소중한 것이었다. 12
월 24일. 양영훈 기자

세계의 지붕에 태극기. 한국일보·대한산악연맹
주관 에베레스트 원정대(대장 김영도, 9월 15일
12시 50분 – 한국시간 하오 4시 20분)가 해발
8,848미터 정상에 8시간 50분의 사투 끝에 고
상돈(29) 대원이 태극기와 네팔기를 꽂아 세계
8번째로 정상을 정복한 나라가 됐다. 김운영 기
자

〉**개선.** 에베레스트를 정복하고 귀국한 한국원
정대원들이 김영도 대장을 선두로 카퍼레이드
를 벌여 서울시민들의 열광적인 환영을 받았다.
10월 6일. 이영배 기자

高相烈 郭秀雄 金明洙

1639

신안 해저보물 3차 유물 발굴. 목포 신안 앞바다 3차 유물인
양 작업에서 처음으로 고려청자 등이 담긴 상자를 끌어 올리
는 데 성공했다. 7월 30일. 이창성 기자

박 대통령, 자주국방 선도. "국방을 남에게 의존하던 시대는 이미 지났다"라고 말하며 자주국방을 선도하는 박정희 대통령이 지난 9월 영식 시반 생도와 함께 한 군수공장을 찾아 각종 총포의 탄약 생산과정을 살펴보고 있다. 김세권 기자

〉 **위, 모처럼 휴가한 한때.** 박정희 대통령이 모처럼 한가한 시간을 내어 영애 근혜 양이 서예에 몰두하는 것을 지켜보고 있다. 박금성 기자
아래, 회갑 맞은 박 대통령. 회갑을 맞은 박정희 대통령이 영애 근혜(오른쪽), 근령 양과 함께. 11월 14일. 김세권 기자

'79

報道寫眞年鑑

NEWS
PHOTOGRAPHY
ANNUAL

韓國寫眞記者団

1978

기사들에 둘러싸인 박동선 씨. 검찰공조협정에 따라 미국측
대표들과의 면담을 마치고 나온 박동근 씨가 미국대사관 뜰
에서 내·외신기자에 둘러싸 있다. 1월 11일. 윤명남 기자

10억대 주부도박단. 저명인사 부인도 속해 있는 10억대 부유층 주부도박단 13명이 검거돼 일반의 빈축을 샀다. 이들은 한 남동 남궁 씨 비밀도박장서 마작·트럼프·화투에 심지어 도색 잡지까지 펼쳐 놓고 양주를 마셔 가며 노름을 하다 형사대의 급습을 받았다. 4월 8일. 허성채 기자

최초의 집단 남미 이민. 남미로 가는 한국 최초
의 집단농업이민단 16가구 73명이 새마을기를
앞세우고 아르헨티나행 CPA기에 오르고 있다.
이들은 산디아고 델에스레도 주에 한국인 농장
을 건설할 예정이다. 4월 14일. 이황 기자

청와대 도청 규탄 데모. 포터 전 주한미대사의 도청 시인으로 말미암아 전국적으로 미국 기관의 청와대 도청 규탄 대회 및 시위가 연일 그치지 않았다. 4월 11일. 이낭기 기자

동양 최대 세종문화회관 개관. 221억 원을 들여 4년
3개월 만에 완공된 동양 최대의 세종문화회관이 개
관됐다. 5천6백여 평에 연 1만6천여 평. 지하 3층 지
상 6층의 이 건물은 전통과 현대가 조화를 이룬 내장
(內裝)을 갖추었다. 4월 14일. 김주만 기자

소련서 풀려난 KAL 기장·항법사. 소련기에 의해 무르만스크에 강제착륙, 10일 만에 돌아온 KAL기 김창규 기장 (앞)과 이근식 항법사가 김포공항에서 트랩을 내려오고 있다. 5월 3일. 양원방 기자

물을 찾는 농심. 밤을 새워 가며 물을 찾아 헤매는 농촌. 양수기로 한 치의 땅, 한 평의 못자리를 살리기 위해 횃불을 밝히며 땅을 파서 물을 끌어 올리고 있다. 전남 담양에서, 5월 21일. 이창성 기자

〉 **배신의 스트리킹.** 동해 거진 앞바다에서 5월 19일 격침된 북한 무장선박 승무원 8명이 판문점에서 북한에 인도됐다. 이들은 우리가 마련해 준 신사복을 벗어 던지며 욕설을 퍼붓고 광란, 배신의 스트리킹을 벌였다. 6월 13일. 윤명남 기자

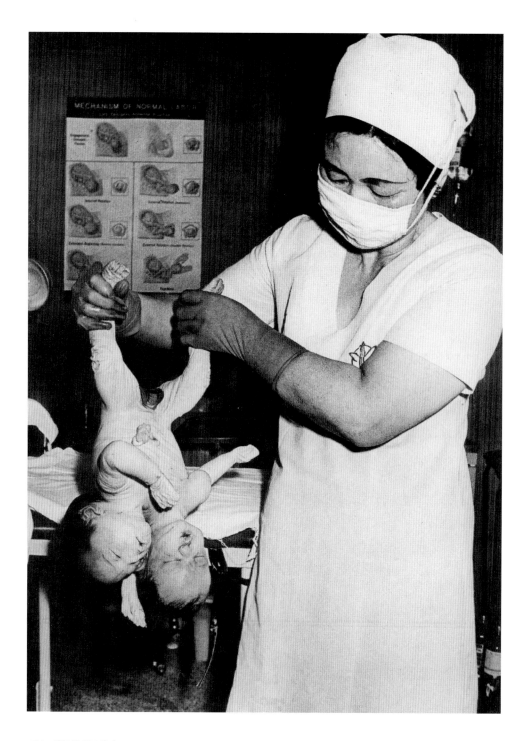

한강인도교서 시내버스 추락. 14미터 높이의 한강인도교에서 봉천동－성북동 간을 운행하던 85번 버스가 운전부주의로 추락, 33명의 사망자를 냈다. 7월 23일. 권주훈 기자

〈 **일란성 쌍생아 탄생.** 서울 동대문구 답십리에서는 일란성 쌍생아가 태어났으나 곧 숨지고 말았다. 6월 27일. 김홍기 기자

남한 동포의 온정에 배신의 추태. 6월 27일 밤 우리 해군 함정에 충돌 침몰되어 구조된 북한 선원이 판문점에서 송환되자 남한 동포의 따뜻한 온정의 선물과 옷을 약속이라도 하듯 집어 던지는 추태를 벌였다. 7월 3일. 전민조 기자

〈 **북한 경비병, 우리 기자에 폭행.** 송환 북한 선원들의 팬츠 바람 추태를 취재하는 중앙일보 기자에게 폭행으로 방해하는 북한 경비병. 7월 3일. 윤명남 기자

제9대 박정희 대통령 선출. 7월 6일 열린 제2대 통일주체국민회의에서 제9대 대통령에 박정희 현 대통령을 선출했으며 자립과 번영, 조국의 평화적 통일을 향한 민족의 대행진을 다짐했다. 최영호 기자

〈 **콩나물시루행 어린이 짐짝.** 늘어나는 도시의 교통체증을 감당 못하는 낡은 시내버스. 초등학교 어린이들까지 '콩나물 시루' 속의 짐짝 취급을 당해야 하는 딱한 현실이다. 7월 19일. 구연길 기자

여성 타일 기술자 양성. 서울 영등포구 YWCA근로여성회관
교육장에서 50여 명의 여성들이 타일 붙이는 기술교육을 받
기 시작했다. 훈련기간은 6개월. 8월 24일. 양원방 기자

여고생 스캔들. 대검특별수사부는 여고생 스캔들로 말썽
을 빚었던 전 공화당 소속 국회의원 성낙현 씨(54)를 알선
수뢰혐의로 입건했다. 영등포구치소에 수감되기 위해 나
서는 성낙현 씨. 8월 11일. 양원방 기자

공군 팬텀기 추락. 9월 25일 상오 11시 41분 서울 영등포구 도림동 195 영등포역 구내 대한통운 하치장에 훈련비행 중이던 공군 소속 F4D 팬텀기 1대가 추락했다. 조종사는 탈출, 생명을 건졌다. 사진은 오른쪽부터 추락 연속 장면. 이창성 기자

〈 **고추 파동.** 김장철을 앞두고 고춧값이 한 근에 7천 원을 호가하고 있다. 수입 고추를 사려는 서민들의 행렬이 이른 새벽부터 장사진을 이루었다. 9월 13일. 이병훈 기자

김일성 화형식. 제3땅굴을 규탄하는 서울시민의 여의도 궐기대회에서 김일성 화형식이 거행되어 국민들의 분노는 절정에 달했다. 10월 31일. 최종현 기자

> **갈라진 땅, 홍성에 지진.** 중앙관상대가 지진을 기록한 1905년 이래 가장 강력한 홍성 지방의 지진으로 홍주중학의 건물과 땅이 갈라졌다. 균열의 폭은 1.5-2센티미터. 10월 8일. 채흥모 기자

제세산업 대표 이창우 씨 구속. 재계에서 '무시운 젊은이'로 불리던 제세산업 대표 이창우 씨(32)가 외환관리법·국내재산도피방지법 위반 혐의로 구속되었다. 10월 4일. 양원방 기자

> 대형 트럭 한강 투신 직전. 서울 용신구 한남동 제3한강교 7번째 교각에서 8톤 트럭이 택시를 피하려다 다리 난간을 들이받고 차체가 3분의 1가량 걸쳐 아슬아슬 추락을 면했다. 11월 21일. 최재영 기자

제9대 박정희 대통령 취임. 제9대 박정희 대통
령 취임식이 장충체육관에서 12월 27일 거행되
었다. '웅비(雄飛)의 80년대'를 향한 출범신호가
힘차게 울려 퍼지고. 김상영 기자

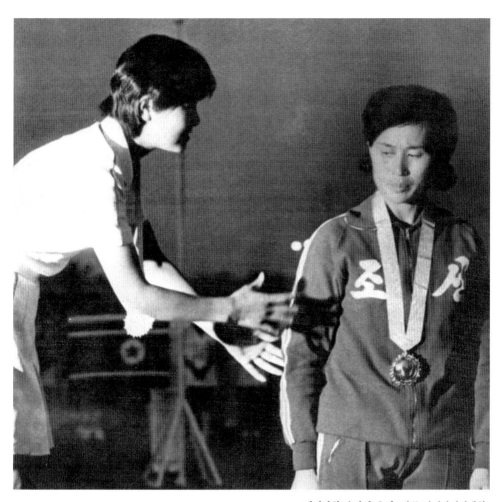

거절당한 승자의 호의. 방콕 아시아경기대회 양궁 개인종합부문서 우승. 한국에 다섯 번째로 금메달을 안겨 준 김진호 양이 3위를 한 북한 김향민에게 악수를 청했으나 냉담한 표정을 짓고 있다. 12월. 합동취재반

시련의 독립문. 1977년 4월 서울시가 성산대로
개설공사를 시작하면서 사직터널과 금화터널
중간에 있던 독립문의 이전 시비가 벌어졌지만
아직도 시원한 결말이 없이…. 윤대섭 기자

'80

報道寫真年鑑

NEWS
PHOTOGRAPHY
ANNUAL

韓國寫眞記者団

1979

이란 취업근로자 철수. 회교혁명에 따른 정세 불안으로 철수한 한인 근로자 제1진이 김포공항에 도착했다. 1월 7일. 우종원 기자

〉 **문턱 없는 공중전화.** 어린이와 휠체어 사용자를 위해 초등학교 앞과 종합병원 등 145곳에 설치된 문턱 없는 공중전화. 1월 7일. 이동호 기자

무인도에의 도전. 모험심에 불타던 10대 5명이 무인도를 찾아 집을 뛰쳐나갔다. 한동네에 사는 이 어린이들은 나름대로 온갖 생활필수품과 각종 장비를 꾸려 가출, 인천을 거쳐 서해 영종도까지 진출했었으나 경찰의 수배로 무사히 가족들 품에 돌아왔다. 2월 6일. 김용일 기자

〈 **북에서 온 편지.** 이른바 '대민족회의'를 고집해 온 북한은 남북 대화의 공식 채널을 거부한 채 새해 들어 때 아닌 우편물 공세를 폈다. 북한 조국통일민주주의전선 중앙위가 서울의 각계 인사들에게 보낸 226통의 우편물이 서울중앙우체국에서 보도진에 공개되고 있다. 2월 10일. 최재영 기자

약시 학급 첫 등장. 시력장애학생들의 수업정상화를 위한 국내 최초의 약시 학급이 서울 여의도중학교에 설치됐다. 3월 3일. 홍석희 기자

> **등굣길의 '인간 가드레일'.** 서울 서대문구 홍은동 394 홍제천변. 5미터 폭의 도로가 인도와 차도의 구별이 없어 인근 홍연초등학교 1,700여 학생들이 곡예 등교를 하고 있다. 4월 26일. 박세훈 기자

한·미정상이 나란히…. 30일 여의도 5·16광장에서 베풀어진 환영식에서 지미 카터 미 대통령이 박 대통령과 나란히 의장대를 사열하고 있다. 카터 대통령은 이보다 하루 앞서 내한, 동두천 미군 캠프에서 1박한 바 있다. 6월 30일. 윤명남 기자

〈 **김영삼 체제의 출범.** 집단지도체제 2년 만에 열린 신민당 전당대회는 단일지도체제로의 전환과 함께 김영삼 의원을 다시 총재로 선출했다. 이른바 '각목대회' 이후 재기한 김 총재가 이철승 대표최고위원과의 재대결에서 2차 투표까지 가는 대접전 끝에 승리, 환호하는 대의원들에게 V자를 그려 답하고 있다. 5월 30일. 성약경 기자

비원 찾은 로잘린과 애이미. 한국을 찾아온 미
국의 퍼스트레이디 로잘린 여사가 딸 애이미
양과 함께 비원을 방문했다. 화관과 복두를 선
물받은 모녀는 기쁨을 감추지 못하고 민속예술
단의 춤사위 흉내를 내기도 했다. 7월 1일. 김
천길 기자

〉 **끌려나오는 야당 총재.** YH무역 여종업원들
이 농성을 벌이고 있던 신민당사. 8월 11일 새
벽 2시 이들을 강제해산시키려 경찰이 출동, 당
사에 난입한 사복경찰관들에 의해 강제로 끌려
나오는 김영삼 신민총재. 8월 11일. 홍석희 기
자

"퇴직금을 달라" 신민당사 4층 강당에서 연일 농성을 벌인 YH무역 여종업원들이 업주의 횡포에 항의, "퇴직금을 달라" "일자리를 달라" 등의 구호를 외치고 있다. 8월 9일. 박복선 기자

〉**해산 당하는 YH 여종업원들.** YH무역 여종업원들이 당국의 무성의에 항의, 신민당사를 찾아 농성을 벌이던 중 새벽에 기동경찰에 의해 끌려 나오고 있다. 이들은 악덕사주의 임금체불과 고의적인 폐업에 항의했다. 8월 10일. 최영호 기자

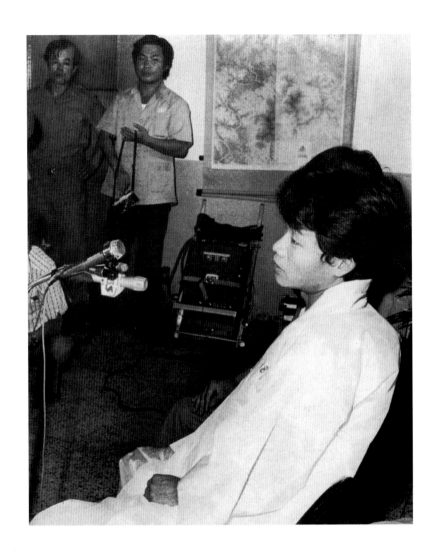

오락가락 '양심선언'. 기관원에 의한 납치'를 둘러싸고 한 때 양심선언을 했던 오원춘 씨. 안동교구 가톨릭농민회회 장직을 맡고 있던 그는 당국의 주선으로 대구교도소에서 가진 공개면담을 통해 '양심선언'을 번복하는 희극을 빚었 다. 8월 22일. 김동준 기자

> **급류 속 사투.** 영호남을 강타한 태풍 주디는 하루 400밀 리미터의 집중호우를 퍼부었다. 전남 화순 광영마을에서 급류에 휘말린 윤홍만 씨 일가족 3명이 소나무 뿌리에 매 달려 사투를 벌이고 있다. 이들은 30분 만에 인근 주민들과 예비군에 의해 구출됐다. 8월 25일. 신복진 기자

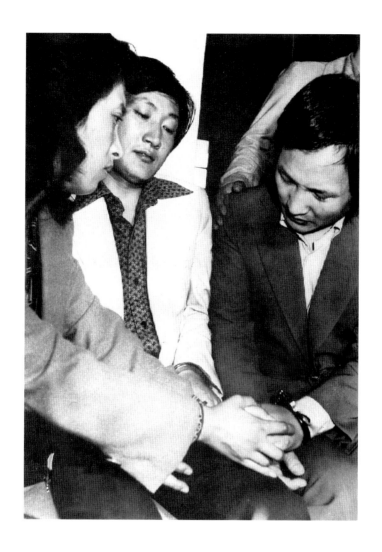

〈 **독립문은 간데없고…**. 성산대로의 고가구간 공사로 독립문이 헐려 이전됐다. 서울시는 문화재 관계자들의 반대에도 불구하고 독립문을 이전하면서 그 자리에 '독립문지(獨立門址)'란 기념동판을 묻음으로써 역사의 현장에 체면치레를…. 8월 16일. 채홍모 기자

비정의 3인조. 골동품상 금당의 사장 정해석 씨 부부를 차례로 유인, 살해한 살인마 박철웅 형제와 박의 내연의 처 김효식 여인. 이들은 김 여인의 친정아버지 제보로 검거돼 범행 일체를 자백했다. 9월 27일. 최영호 기자

외로운, 너무나 외로운…. 공화당이 야당 총재
의 의원제명이란 거사(?)를 실행에 옮기려 하자
이를 저지하려는 야당의원들이 의석을 떠난 사
이 김영삼 신민총재가 홀로 자리를 지키고 있
다. 이 시간 그는 과연 무엇을 생각하고 있었을
까? 10월 13일. 이봉섭 기자

단상의 육탄전. 김영삼 신민총재에 대한 의원 제명안 처리를 저지하기 위해 야당의원들이 국회 본회의장 단상을 점거하자 이에 맞서 여당 의원들까지 몰려들어 단상은 삽시간에 아수라장으로 변했다. 10월 4일. 안흥식 기자

휴업 공고

10월 17일부터 당분간 휴업
한다.

학생 제군은 별도 지시 있을
때 까지 가정에서 자중
자애하여 학습해 주기
바란다.

1979. 10. 17

총 장

출근길 놀란 가슴. 민주회복의 열망 속에 이른바 '부산·마산 사태'가 터지자 이 지역엔 지체 없이 비상계엄령이 선포됐다. 탱크와 장갑차를 앞세운 계엄군이 부산 시청광장에도 진주, 삼엄한 경계근무에 임하고 있다. 10월 17일. 박상륭 기자

아래, 대학 정문엔 공고문. 10월 17일 부산 지역에 비상계엄이 내려지면서 동아대학교 정문 앞에 공고문이 나붙었다. 10월 17일. 박상륭 기자

거리로…, 거리로…. 민족사 전환의 직접적 도화선이 된 10월 16일 하오 2시, 이른바 '부산사태'의 현장. 민주회복과 학원 자율화를 부르짖으며 광복동 거리를 누빈 대학생들. 10월 16일. 김영범 기자

마지막 공식행사. 박정희 대통령이 충남 삽교 천지구 농업종합개발사업에 따른 삽교호 준공 식에서 수문을 여는 스위치를 누르고 있다. 서 울로 돌아온 박 대통령은 이날 밤 김재규 전 중 앙정보부장과의 만찬 도중 이른바 '10·26사태' 로 급서함으로써 이 행사가 마지막 공무가 되 고 말았다. 10월 26일. 윤명남 기자

비상계엄 전국에. 제주도를 제외한 전국엔 비상계엄이 선포됐다. 10·26사태와 관련, 10월 27일 상오 4시 계엄령이 내려진 직후 중앙청에 진주한 계엄군과 탱크. 10월 27일. 강두모 기자

최규하 대행의 분향. 최규하 대통령권한대행
내외가 중앙청 광장에 마련된 영결식장에서 분
향하고 있다. 11월 3일. 이봉섭 기자

〈 **영결식.** 건국 후 첫 국상이 중앙청 영결식장
에서 엄수되고 있다. 11월 3일. 강두모 기자

꽃에 묻힌 운구차. 7만여 송이의 꽃으로 장식된 운구차. 창문을 통해 태극기에 덮인 영구가 보인다. 11월 3일. 양영훈 기자

〈 **위, 시민들의 분향 행렬.** 중앙청 광장에 설치된 대형 일반 분향소에 몰려와 분향하는 시민들. 김병원 기자
아래, 청와대 빈소. 이창성 기자

슬픔에 싸인 세 자녀. 영식 지만 생도와 근혜, 근영 두 영애. 11월 3일. 김병원 기자

〉 **세종로를 지나서…**. 고 박정희 대통령을 마지막 보내는 국장 행렬이 연도의 인파가 지켜보는 가운데 세종로를 지나고 있다. 11월 3일. 김병원 기자

故 朴正熙 大統領 閣下 國葬

고이 잠드소서. 고 박정희 대통령의 국립묘지 유택. 고 육영수 여사의 묘소와 나란히 안장됐다. 11월 3일. 김홍기 기자

〉**이것이 전모다.** 10월 26일 박정희 대통령 시해사건 이후 항간엔 '거짓말 같은 참말'에 '참말 같은 거짓말들'이 꼬리를 흔들고 날개를 치기 시작했다. '시해사건 전모'를 발표하는 전두환 계엄사합동수사본부장. 11월 6일. 홍석희 기자

10·26사태

1979년 10월 26일, 충남 삽교천 방조제 준공식을 마치고 돌아온 박정희 대통령은 저녁 7시 40분경 궁정동 중앙정보부 안가의 연회에 참석했다가 비참한 최후를 맞이했다. 김재규 중앙정보부장이 돌연 오른쪽 허리춤에서 권총을 뽑아 대통령 비서실장이었던 김계원에게 "형님, 각하를 똑바로 모시십시오"라고 하고는 곧이어 박 대통령을 향해 "각하, 버러지 같은 놈을 데리고 정치를 하니 정치가 똑바로 되겠습니까, 이 죽일 놈!"이라고 외치며 차지철과 박 대통령을 쏘았다. 박 대통령이 살해된 지 12일 후, 김재규는 궁정동 현장검증에서 박 대통령의 가슴을 향해 총을 쏘는 장면을 다시 재현했다.

현장검증…. 궁정동 중앙정보부 안가 현장검증에서 김재규가 박대통령을 권총으로 쏘는 장면을 재현해 보이고 있다. 11월 7일. 최영호 기자

권총을 버리고…. 10월 26일 궁정동에서 박 대통령과 차 경호실장에게 1발씩을 쏜 후 더 이상 격발되지 않자 권총(○표시)를 버리고 정원으로 나서는 김재규. 11월 7일. 최영호 기자

〉 **권총을 낚아채고**. 김재규가 대기실에서 나오던 박선호로부터 권총을 낚아채고 있다. 김재규는 이 총을 가지고 다시 방 안으로 들어가 차지철 경호실장과 대통령을 쏘았다. 11월 7일. 이기봉 기자

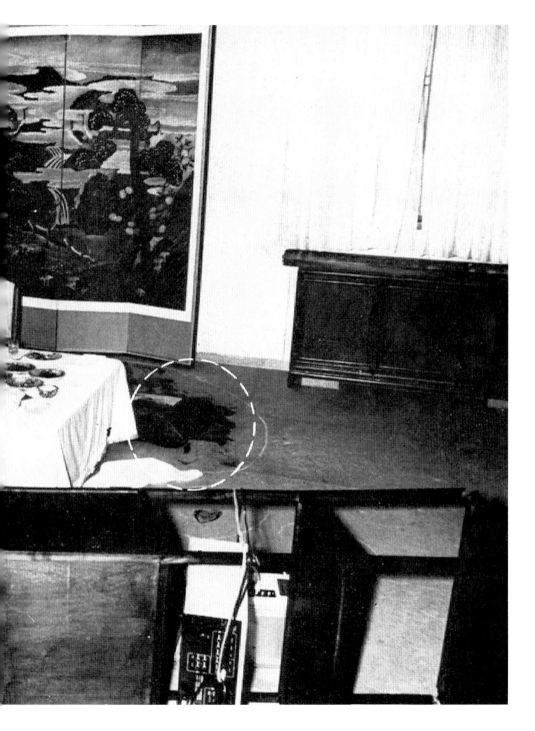

**현장검증장소에서 만난 김재규와 부하인 박흥
주.** 김재규가 팔에 관통상을 입고 화장실로 피
신한 차지철을 다시 쏘려고 했으나 격발이 되
지 않자 박흥주에게 권총을 달라고 외친 장면
을 재연하고 있다. 11월 7일. 최영호 기자

〈 **시간도 멎은 듯.** 10월 26일 하오 7시 40분 고
박정희 대통령을 시해한 비극의 현장인 궁정동
중앙정보부 식당 안방. 박 대통령이 앉았던 등
의자의 왼쪽에는 응어리진 피(○표시)가 말라붙
어 있었고 먹다 남은 안주와 술, 방바닥 여기저
기에 얼룩진 핏자국 등이 처참했던 당시를 말
해 주고 있다. 대통령 자리 맞은편 식탁 왼쪽에
김재규, 오른쪽에 김계원의 자리가 있었다. 11
월 7일. 최영호 기자

위, 총소리를 신호로. 식당에 있던 경호원들을 쏘기 위해 김재규 부하들이 대기하고 있던 제미니 승용차에서 뛰어내리고 있다. 11월 7일. 이기봉 기자

아래, 주방 창문에서. 차에서 내린 김재규 부하들이 주방 창문과 출입문을 통해 총을 쏘고 있다. 11월 7일. 이기봉 기자

사형… 사형… 6차례. 보통군법회의 9회 선고 공판에서 판결문이 낭독되는 동안 피고인들이 약간 상기된 모습으로 마지막 선고를 기다리고 있다. 피고인들 가운데 유일한 현역 군인인 박흥주 피고에겐 처음이자 마지막 심판. 12월 20일. 양원방 기자

문제의 M16. 박 대통령 시해사건 때 경호원들을 확인사살했던 M16□ 소총을 군검찰관이 법정에서 증거물로 제시하고 있다. 12월 18일. 김종석 기자

아래, 궁정동 만찬석의 두 여인. 박 대통령이 살해되던 그날밤 만찬에 동석했던 문제의 두 여인. 증인으로 채택된 이들이 15일 하오 4시 15분경 승용차로 육본에 도착, 대법정을 향해 걸어가고 있다. 이들은 손 금자(오른쪽), 정혜선이란 가명으로 항상 매스컴에 오르내렸다. 12월 15일. 강한구 기자

김종필 공화당 총재 취임. 남산 공화당 중앙당
사에서 열린 총재 취임식에서 축하 화환을 받
고 당원들에게 두 손을 들어 답례하는 김종필
공화당 총재. 11월 16일. 박복선 기자

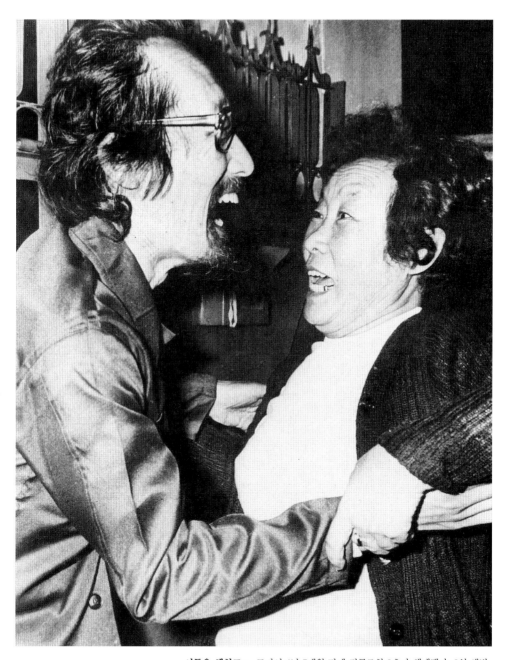

어둠을 헤치고…. 드디어 4년 7개월 만에 긴급조치 9호가 해제됐다. 8일 새벽 4시 안양교도소를 출감한 문익환 목사가 수유동 자택에 도착, 깜짝 놀란 부인 박용길 여사와 감격의 포옹을 했다. 12월 8일. 권주훈 기자

'보호' 풀린 김대중 씨. 긴급조치 해제에 따른
구속자 석방과 아울러 당국의 보호에서 풀려난
김대중 씨가 부인과 함께 기자회견을 하고 있
다. 12월 8일. 조명동 기자

〉 성난 얼굴엔 다시 웃음이…. YH무역 노조지
부장 최순영 씨(23)가 보석으로 석방되자 동료
들이 함박웃음으로 맞고 있다. 12월 10일. 이창
순 기자

사슬 풀린 대마초 연예인. 4년여 만에 대마초 연예인들에 대한 활동규제가 풀렸다. 마침 매스컴에서도 이들에 대한 관용을 두고 논란을 벌이던 때인 만큼 이번 조치는 더욱 설득력을 지니기도. 오랜 아픔을 털고 감격의 축배를 드는 연예인들. 이병훈 기자

〈 **새벽의 함박웃음.** 영등포 구치소에 수감되었던 성유선, 송우빈, 김용훈 씨(앞에서부터)도 새벽의 옥문(영등포구치소)을 나섰다. 12월 8일. 이병훈 기자

〉 **제2의 충격 '12·12사건'.** 박대통령 살해사건 관련혐의로 계엄사령관 정승화 대장을 연행하는 과정에서 총격사건이 발생. 한남동 육참총장 공관 일대에 시민들의 통행이 금지되고 한때 모든 한강 다리가 차단되기도 했다. 12월 12일. 박상원 기자

위, 위기관리내각 첫 각의. '위기관리 정부'임을 자처한 최규하 체제의 첫 국무회의. 각료들 간의 상견례를 겸한 이날 첫 각의 를 주재하기 위해 신현확 국무총리가 회의실로 들어서고 있다. 12월 15일. 박태홍 기자

아래, 새 퍼스트레이디. 최규하 대통령과 더불어 청와대의 새 안주인이 될 홍기 여사. 한복 차림에 다소곳이 모아 쥔 두 손은 투박하고 두툼해 시골 어디서나 흔히 볼 수 있는 '우리 할머니 의 손' 바로 그것을 연상케 한다. 12월 6일. 최재영 기자

〉**최 대통령 취임선서.** 최규하 제10대 대통령이 21일 취임식에 서 오른손을 들고 헌법46조에 따른 취임선서를 하고 있다. 12월 21일. 서종도 기자

나의 사진기자 시절

전민조
전 한국일보·동아일보 사진기자

우여곡절 끝에 들어간 대학 사진과는 나를 위해서 만든 것 같았다. 눈으로 보이는 모든 세상이 사진을 좀 찍어 달라고 손짓하는 것 같았다. 잠자는 시간 외에는 거의 카메라를 들고 다녔다. 찍고자 하는 사진이 멀리 있는 것이 아니고 삶과 함께 항상 가는 것이라고 생각했다. 카메라를 신체의 일부분으로 생각했다. 어느 날 무엇이든지 손이 아프도록 셔터를 눌러 대는 나의 모습을 본 이경모 선생이 사진을 하려면 안정된 직장에서 봉급을 많이 받는 직장(농협신문)이 좋다고 취직을 시켜 주었지만 오래 있지를 못했다. 봉급을 많이 주는 직장, 안정된 직장은 나에게 맞지 않았다. 틀 속에 갇혀서 찍는 사진들이 너무 정적이고 역사의 현장하고 거리가 멀어서 2년도 되지 않아 사표를 던져 버렸다. 돈보다 내가 찍고자 하는 넓은 사진무대를 중요하게 생각했다. 당시 농협 봉급에 30프로 정도 주던 언론사의 길로 방향을 잡았다.

민병태(한국일보 편집국 사진부) 형이 나의 마음을 이해하고 백형인(한국일보 편집국 사진부) 사진부장한테 추천하면서 세상을 넓게 사진을 찍는 무대로 이끌어 준 사람이 되었다. 정범태 선배님이 취재 나갈 때는 거의 따라다녔다. 사회에서 일어나는 뉴스 현장은 소설이나 영화처럼 지루하지 않고 항상 재미가 있었다.

통금이 있을 때여서 집(인천)이 너무 멀어 시간이 늦으면 신문사에 그대로 잤다. 사진 찍는 시간이 길지 않다고 생각했다. 인간이 100년도 못 살기 때문에 내가 찍는 모든 사진은 짧다고 생각했다. 모든 대상은 다시는 볼 수 없는 마지막 사진이라고 생각했다.

좋은 테마를 발견하면 가슴이 떨릴 정도로 전율을 느꼈다. 항상 카메라를 가방에 넣고 다니면서 내가 좋다는 사진 테마가 발견되면 버스를 타고 가더라도 자동차를 타고 가더라도, 기차를 타고 가더라도 중간에 반드시 뛰어내려서 현장으로 달려가 찍었다.

아무리 힘들어도 항상 영상일기를 썼다. 사진을 많이 찍은 날에도 오늘 내가 어떤 중요한 무슨 사진을 찍었는지 곰곰이 생각해서 만들어 놓은 파일에 글을 쓰고 스크랩을 했다. 역사의 기록으로 중요하게 생각했다. 내가 현장을 떠나서 여러 권의 사진집을 출판하는 것을 보고, 내용을 모르는 사람들은 회사 필름을 따로 챙겨서 따로 보관한 것처럼 생각하는 사람들이 있지만, 솔직히 고백하는 데 절대로 그렇지 않다.

나의 모든 사진집의 자료는 모두 나의 스크랩 정리에서 나온 것이다. 내가 출판한 사진에 넌도, 날짜, 월일까지 모두 확실하게 기록되어 있는 것은 평소 스크랩을 하지 않고 일기를 쓰지 않으면 힘든 일이다. 내가 찍은 사진은 신문에 반영되지 않아도 사진설명을 반드시 써 놓고 보관해 두었다.

결혼할 때 사진기자라는 직업 때문에 하마터면 결혼을 못할 뻔했다. 아내 친척이 되는 아는 기자가 같은 신문사에 근무를 했어도 "사람은 그런대로 좋지만 카메라는 출입처도 없고 고생만 한다. 연애는 몰라도 결혼은 반대한다"라고 하는 바람에 힘들게 결혼했기 때문이었다. 그 말을 듣고도 아내는 부모 말을 듣지 않고 결혼한 셈이지만 그 후 나는 나의 직업에 대해 곰곰이 성찰하게 되었다.

시시하게 카메라만 메고 다니는 멍청한 사람이 되어서는 안 되겠다는 생각을 많이 했다. 사회에서 조롱받는 사진기자, 쓰레기 같은 사진기자가 되어서는 안 되겠다는 생각을 하고 '내가 찍은 사진은 언젠가 무슨 말을 반드시 할 것이다' 생각을 하면서 사진을 더욱 열심히 찍는 계기가 되었다.

무엇인가 말을 하는 사진, 눈물이 나오도록 숨이 멎도록 감동을 주는 사진은 손이 아프도록 인간의 숨소리까지 포착하려는 열정이 없으면 불가능하다는 것을 매일 생각하고 살았다. 나는 '사진을 찍는 것은 내가 숨을 쉬고 있는 이유'라고 생각하곤 했다. 다른 사람들이 나를 보면 나의 인생은 무의미하겠지만 나는 남들보다 돈을 많이 버는 일, 남보다 출세하는 일에는 관심도 없었다. 오직 사진을 통해 역사를 알 수 있는 이미지, 사진을 통해 가슴을 흔드는 사진에만 몰두했다.

항상 현재가 중요하다고 생각했다. 살아 있는 생물은 언젠가는 쇠퇴하듯이 인물도 변화하지만 도시도 변한다는 생각을 했다. 자신의 가정과 직장은 다큐멘터리가 안 된다고 생각하지 않았다. 현재를 기록하는 순간부터 과거가 되고 미래를 내다볼 수 있는 사진이 되기 때문에 비록 신문에 사진이 나가지 않더라도, 남들은 아무것도 아닌 사진이라고 생각해도 시간이 흐르면 모두 역사를 말하는 사진으로 생각했다.

요즘은 비록 언론사의 현장을 떠났지만 카메라는 항상 손에 들고 다니면서 사진을 찍고 있는 중이다. 나도 나이 먹어 언젠가는 죽겠지만, 영원한 휴식은 죽음이기 때문에 살아 있는 한 눈에 보이는 모든 대상에 관심을 가지려 하고 있다. 뉴스 사진만 중요하게 생각했던 시절에 찍었던 특별한 사진을 놓고, 그 사람의 현재를 추적하는 사진도 찍고 있다.